Vanessa Frey

Sexuelle Gewalt und Missbrauch von Kindern und Jugendlichen in der Heimerziehung

Notwendige Präventions- und Interventionsmaßnahmen

Bibliografische Information der Deutschen Nationalbibliothek:

Die Deutsche Nationalbibliothek verzeichnet diese Publikation in der Deutschen Nationalbibliografie; detaillierte bibliografische Daten sind im Internet über http://dnb.d-nb.de abrufbar.

Impressum:

Copyright © Science Factory 2019

Ein Imprint der Open Publishing GmbH, München

Druck und Bindung: Books on Demand GmbH, Norderstedt, Germany

Covergestaltung: Open Publishing GmbH

Inhaltsverzeichnis

Abkürzungsverzeichnis IV

Einleitung 1

1 Sexuelle Gewalt und Missbrauch 4
    1.1 Begriffserklärung 4
    1.2 Statistiken und Zahlen 7
    1.3 Formen von sexueller Gewalt und Missbrauch 8

2 Institutionen der Erziehungshilfe 10
    2.1 Einweisungsgründe 11
    2.2 pädagogische Konzepte 13

3 Prävention 25
    3.1 Maßnahmen 26
    3.2 Unterstützung der Fachkräfte 33
    3.3 Chancen und Herausforderungen der Prävention in der Heimerziehung 36

4 Intervention 39
    4.1 Maßnahmen 40
    4.2 Kooperation mit externen Institutionen 46
    4.3 Chancen und Herausforderungen der Intervention in der Heimerziehung 49

5 Fazit und Ausblick 52

6 Literaturverzeichnis 57

Abkürzungsverzeichnis

StGB	Strafgesetzbuch
SGB VIII	Achtes Buch Sozialgesetzbuch
BGB	Bürgerliches Gesetzbuch
stopp	Strafprozessordnung
ISEF	Insoweit erfahrene Fachkraft

Aufgrund der leichteren Lesbarkeit wird auf eine geschlechtsspezifische Differenzierung verzichtet. Entsprechende Begriffe gelten im Sinne der Gleichbehandlung für beide Geschlechter. Im vorliegenden Text wird durchgängig die männliche Form benutzt. Im Sinne des Gleichbehandlungsgesetzes sind diese Bezeichnungen als nicht geschlechtsspezifisch zu betrachten

Einleitung

In der folgenden Arbeit wird das Thema „Sexuelle Gewalt und Missbrauch von Kindern und Jugendlichen: Präventions- und Interventionsmaßnahmen in der Heimerziehung" behandelt.

In den Medien wird stetig mehr von Übergriffen im Bereich sexuelle Gewalt und Missbrauch berichtet, jedoch wird das Thema meist erst angesprochen, wenn akute Fälle an die Öffentlichkeit kommen. Gerade im pädagogischen Bereich – vor allem in der Heimerziehung – ist es wichtig, sich mit dieser Thematik auseinanderzusetzen. Fachkräfte in der Heimerziehung haben es tagtäglich mit traumatisierten Kindern und Jugendlichen zu tun und mit solchen, die in der Vergangenheit mehr Risiko- als Schutzfaktoren erlebt haben. Diese Kinder und Jugendlichen sind anfälliger dafür Opfer von sexueller Gewalt und Missbrauch zu werden. Es ist maßgeblich für die Fachkräfte, über die Maßnahmen der Prävention und Intervention im Bereich sexueller Gewalt und Missbrauch aufgeklärt zu sein.

Das Interesse an der Thematik rührt daher, dass Kinderpädagogen, die im Bereich der Kinder- und Jugendhilfe tätig sind, nur dann professionell, präventiv und interventiv Handeln können, wenn sie sich intensiv mit dem Themenbereich auseinandergesetzt haben. Eine besondere Herausforderung in Bezug auf sexuelle Gewalt unter Kindern und Jugendlichen in der Heimerziehung sehe ich zum einen darin, angemessene Präventionsmaßnahmen zu kennen und umsetzen zu können und zum anderen, einen Übergriff zu erkennen und professionell mit Betroffenen umzugehen. Um angemessene Präventions- und Interventionsmaßnahmen anwenden zu können, erachte ich es als maßgeblich, die Situation und die emotionale Lage der potentiellen Opfer, sowie der tatsächlichen Betroffenen, zu kennen und nachvollziehen zu können.

Die vorliegende Thesis wird unter Berücksichtigung dieses Gedankens und folgenden Fragestellungen verfasst: Inwieweit sind Präventionsmaßnahmen in hessischen Konzeptionen vertreten? Was sind angemessene Präventions- und Interventionsmaßnahmen und welche Chancen und Herausforderungen bilden sich daraus für die Heimerziehung?

Diese Arbeit beginnt mit dem allgemeinen Bereich der sexuellen Gewalt und dem sexuellen Missbrauch.

Zunächst bekommt der Leser die Begriffe erklärt und einen Überblick über Zahlen und Statistiken, unter Einbeziehung der polizeilichen Kriminalstatistik, vermittelt. Außerdem werden die unterschiedlichen Formen von sexueller Gewalt und Missbrauch verdeutlicht.

Das zweite Kapitel befasst sich mit den Institutionen der Erziehungshilfe und geht spezifischer auf die stationäre Erziehungshilfe ein. Zunächst werden die allgemeinen rechtlichen Rahmenbedingungen beleuchtet. Das erste Unterkapitel beinhaltet die unterschiedlichen Einweisungsgründe der Kinder und Jugendlichen und verdeutlicht die Individualität jedes einzelnen Nutzers. Das letzte Unterkapitel ist eine Gegenüberstellung von drei unterschiedlichen Konzeptionen stationärer Hilfeeinrichtungen in Hessen. Diese werden mit den Präventionskriterien des hessischen Sozialministeriums verglichen. Es wird geklärt, ob die Einrichtungen die Ansprüche der Kriterien erfüllen.

Kapitel drei beleuchtet die Prävention im Themenbereich sexuelle Gewalt und Missbrauch in der Heimerziehung. Zunächst wird erklärt was Prävention bedeutet und welche Ziele hier verfolgt werden. Das erste Unterkapitel befasst sich mit den Maßnahmen der Prävention gegen sexuelle Gewalt und Missbrauch. Dieses unterteilt sich erneut in drei Unterkapitel. Es wird zunächst die Maßnahme der Resilienzförderung beschrieben und erklärt. Darauf folgt der offene Umgang mit dem Thema Sexualität und Gewalt. Das Ende des Unterkapitels bildet der Themenschwerpunkt der Täterstrategien. Das zweite Unterkapitel des Kapitels zwei ist der Bereich der Unterstützung für die Fachkräfte. Präventionsmaßnahmen müssen nicht nur bei den potentiellen Opfern, sondern ebenfalls bei den Erwachsenen angesetzt werden. Das erste Unterkapitel befasst sich mit den restlichen Grundlagen an denen sich die Fachkräfte orientieren können, mit Fortbildungen im Präventionsbereich und mit externen Beratungsstellen und Institutionen. Darauf folgt das zweite Unterkapitel. Hier werden Signale und Merkmale von sexueller Gewalt und Missbrauch erläutert, an denen Opfer erkannt werden können. Das letzte Kapitel für den Bereich Prävention bildet eine Erläuterung über die Chancen und Herausforderungen der Prävention in der Heimerziehung.

Das vierte Überkapitel befasst sich mit der Intervention bei sexueller Gewalt und Missbrauch in der Heimerziehung. Hier wird, wie bei der Prävention, zunächst ein Überblick gegeben, was Intervention bedeutet und was deren Zielsetzungen sind.

Das erste Unterkapitel befasst sich, wie bei der Prävention, mit den unterschiedlichen Maßnahmen der Intervention. Hier wurden drei Interventionsbereiche ausgewählt: Haltung und Verhalten bei Verdacht, Aufarbeitung, Therapiemöglichkeiten und Traumaarbeit und Strafanzeige.

Im nächsten Unterkapitel werden zwei externe Beratungsstellen vorgestellt, die eine Unterstützung für die Fachkräfte bieten. Zunächst wird der Verein Wildwasser beschrieben und die Arbeit des Vereins und dessen Projekte erläutert. Darauf folgt der Verein Weisser Ring, hier wird ebenfalls die Arbeit der Organisation und deren Engagement im Bereich sexueller Gewalt und Missbrauch beschrieben.

Der Abschluss des Kapitels bildet ein Abschnitt über die Chancen und Herausforderungen der Intervention in der Heimerziehung. Hier werden unter anderem die Grenzen der Fachkräfte aufgegriffen.

Diese Bachelorarbeit endet mit einem Fazit und Ausblick. Die oben genannten Fragestellungen werden erneut aufgegriffen und anhand der Ergebnisse aus der Bachelorarbeit zusammenfassend beantwortet.

1 Sexuelle Gewalt und Missbrauch

Das folgende Kapitel befasst sich Allgemein mit dem Thema sexuelle Gewalt und Missbrauch und soll einen Überblick über die Thematik vermitteln. Zunächst werden die Begriffe sexuelle Gewalt und Missbrauch erläutert. Darauf folgen Statistiken und Zahlen im Bereich der sexuellen Gewalt und Missbrauch bei Kindern und Jugendlichen. Hierfür wurde die polizeiliche Kriminalstatistik herangezogen und die Täter-Opfer Beziehung beleuchtet. Das letzte Unterkapitel befasst sich mit den unterschiedlichen Formen von sexueller Gewalt und bezieht sich unter anderem auf die Gesetzeslage.

1.1 Begriffserklärung

„Sexueller Missbrauch ist im Wesentlichen die Ausbeutung eines Kindes für die sexuelle Befriedigung eines Erwachsenen." (Schenk-Danziger, 2006: S. 244)

Sexuelle Gewalt und Missbrauch ist unter anderem durch das Bekanntwerden der Übergriffe in der katholischen Kirche in das Blickfeld der Gesellschaft zurückgekommen. Es ist jedoch problematisch, genaue Angaben zu machen, da die Dunkelziffer in diesem Bereich, nach Annahmen der Forscher, enorm ist. (vgl. Böhm, 2017: S.25, 26)

Kinder und Jugendliche erfahren mehr Gewalt als andere Gesellschaftsgruppen. Bei jüngeren Kindern, bis vierzehn Jahren, findet Missbrauch am häufigsten im engeren Umfeld beziehungsweise in der Familie statt. Wohingegen bei Jugendlichen Missbrauch zunehmend von anderen Bezugspersonen wie Lehrern, Erziehern, Betreuern, Trainern oder von Gleichaltrigen verübt wird. Aktuell zeigt sich, dass in Jugendhilfeeinrichtungen und Bildungsinstitutionen ebenfalls ein hohes Maß an sexuellen Übergriffen stattfindet. Über die Hälfte der Jugendlichen in Internaten oder Jugendhilfeeinrichtungen haben Gewalt erfahren, wovon ein Viertel einem Übergriff mit Penetration ausgesetzt waren. (vgl. Kadera, Köhler-Dauner, Hofer, Tippelt, Ziegenhain, Feger, 2018: S. 199)

Sexuelle Kontakte zwischen Erwachsenen und Kindern waren in der Vergangenheit nicht unüblich, erst nach der Einsicht, dass Kinder keine kleinen Erwachsenen sind und besonderen Schutz benötigen wurden diese sexuellen

Handlungen verboten. Bei sexuellem Missbrauch unter Erwachsenen ist es so geregelt, dass ein Strafbestand besteht, wenn eine sexuelle Handlung ohne Zustimmung des anderen ausgeführt wird. Kinder sind jedoch nicht in der Lage, bewusst zu entscheiden ob sie eine sexuelle Handlung wollen. Sie sind emotional, kognitiv und sprachlich nicht ausreichend Entwickelt, weswegen Kinder besonderen Schutz benötigen. (vgl. Bange, 2014: S. 21,22)

Im strafrechtlichen Bereich wird sexueller Missbrauch von Kindern wie folgt definiert. In § 176 StGB ist sexueller Missbrauch an Kindern festgelegt. Dort wird unter Strafe gestellt, wer sexuelle Handlungen an Kindern vornimmt oder vornehmen lässt. Genauso wird unter Strafe gestellt, wer sexuelle Handlungen an Kindern von dritten vornehmen lässt oder diese vom Kind vorgenommen werden. Unter Absatz vier wird unter Strafe gestellt, wer vor einem Kind sexuelle Handlungen vornimmt oder wer ein Kind dazu bestimmt, sexuelle Handlungen vorzunehmen. Des Weiteren ist das Zeigen oder das Zugänglichmachen pornografischer Inhalte für Kinder rechtswidrig. Die Kontaktaufnahme mit Kindern über andere Medien und Kommunikationsmöglichkeiten, wie das Internet, um das Kind zu sexuellen Handlungen zu bringen, ob mit dritten oder mit einem selbst, ist ebenfalls unter Strafe gestellt (s. StGB § 176). In § 176 sind lediglich die Übergriffe an Kindern bis einschließlich vierzehn Jahren festgelegt.

In § 182 StGB ist der sexuelle Missbrauch von Jugendlichen definiert. Dort heißt es, dass unter Strafe gestellt wird „Wer eine Person unter achtzehn Jahren dadurch missbraucht, dass er unter Ausnutzung einer Zwangslage 1. sexuelle Handlungen an ihr vornimmt oder an sich von ihr vornehmen lässt oder 2. diese dazu bestimmt, sexuelle Handlungen an einem Dritten vorzunehmen oder von einem Dritten an sich vornehmen zu lassen" (StGB § 182). Ebenso ist es rechtswidrig, wenn eine Person über einundzwanzig Jahren eine Person unter sechzehn Jahren dahingehend missbraucht, dass sie sexuelle Handlungen an ihr vornimmt oder an sich vornehmen lässt, oder durch dritte vornehmen lässt oder von ihr vornehmen lässt und dadurch die fehlende Fähigkeit zur sexuellen Selbstbestimmung ausnutzt. (s. StGB § 182)

In der Fachliteratur lassen sich sexuelle Gewalt und Missbrauch in verschiedene Klassen unterteilen. Eine häufig angewandte Definition ist die

Unterscheidung in eine enge und breite Definition von Missbrauch. (vgl. Hartwig, Hensen, 2008: S. 17) Die enge Definition von Missbrauch beinhaltet den aktiven körperlichen Kontakt, wie oraler, analer und genitaler Geschlechtsverkehr, der durch Gewalt oder deren Androhung induziert wurde. (vgl. Huser, Leuzinger, 2011: S.6) Die breiter gefasste Definition befasst sich mit allen „unerwünschten und gewaltsamen sexuellen Handlungen, wie verbale sexistische Belästigung, Exhibitionismus, Anstiftung zur Prostitution, Herstellung, Verkauf, und Konsum von pornografischen Materials mit Kindern sowie alle Handlungen, bei denen es zu keinem körperlichen Kontakt (non contact) kommt". (Huser, Leuzinger, 2011: S. 6) Zudem ist das Opfer intellektuell und emotional nicht ausreichend entwickelt, um der sexuellen Handlung frei zustimmen zu können. (vgl. ebd.: S. 6) Der Altersunterschied bei sexuellem Missbrauch ist, wenn keine Gewalt angewandt wurde, maßgeblich für die Definition. Bei Kindern von dreizehn Jahren und jünger wird ein Altersunterschied von mindestens fünf Jahren angenommen, bei Kindern und Jugendlichen zwischen dreizehn und sechzehn beträgt der Altersunterschied mindestens zehn Jahre. Durch diese Trennung ist es möglich, zwischen sexueller Erfahrung und sexuellem Missbrauch zu unterscheiden. (vgl. Damrow, 2006: S. 48) Jedoch wird die Fünf-Jahres-Spanne nicht von allen Forschern berücksichtigt, da fünf Jahre bei Kindern einen erheblichen Unterschied in der Entwicklung ausmachen und bei diesem Definitionskriterium die sexuelle Gewalt unter Gleichaltrigen nicht ausreichend miteinbezogen wird. (vgl. Bange, 2014: S. 22)

Bei Kindern wird davon ausgegangen, dass sie aufgrund ihrer Machtlosigkeit und des Entwicklungsstandes nicht in der Lage sind, eigenverantwortlich zu handeln. Bei Heranwachsenden und Jugendlichen ist die Situation komplizierter. (vgl. Damrow, 2006: S. 48) Häufig werden sexuelle Übergriffe in den ersten sechzehn Lebensjahren berücksichtigt. Dies ist eine schwierige Abgrenzung. Diese Abgrenzung soll zwischen sexuellen Übergriffen von Kindern und Gewalt an Frauen differenzieren. Jedoch kann ein fünfzehn jähriges Mädchen emotional weiterentwickelt sein als ein siebzehn jähriges Mädchen. (vgl. Bange, 20114: S. 23) Eine einheitliche Definition zu finden, ist somit problematisch.

1.2 Statistiken und Zahlen

Die Weltgesundheitsorganisation schätzt das Ausmaß der Betroffenen weltweit auf 150 Millionen Mädchen und 73 Millionen Jungen unter achtzehn Jahren. Sexuelle Gewalt an Kindern und Jugendlichen bleibt ein internationales Problem. Im Rahmen einer großflächigen Untersuchung, dem „World Report on Violence Against Children", wurde ermittelt, dass 7 – 36% aller Frauen und 3 – 29% aller Männer sexuelle Gewalt in der Kindheit erfahren haben. Genaue Angaben zu machen ist kompliziert, da die Dunkelziffer weiterhin hoch ist. Die meisten Übergriffe geschehen durch nähere Verwandte oder Bekannte der Opfer. (vgl. Böhm, 2017: S.25, 26)

Es muss, nach einer Publikation der Fachstelle LIMITA[1], davon ausgegangen werden, dass jedes vierte bis fünfte Mädchen und jeder zehnte bis zwölfte Junge in der Kindheit sexueller Gewalt oder Missbrauch ausgesetzt waren. Diese Übergriffe werden bei Mädchen zu 70% bis 90% von Familienangehörigen begangen, bei Jungen sind es etwa 10% bis 20%. Die Täter der Jungen befinden sich häufiger im außerfamiliären Umfeld des Opfers. Die Täter der Mädchen sind mit über 90% männlich, bei Jungen sind es 75% bis 90% männliche Täter. Die Altersspanne der Täter liegt zwischen neunzehn und fünfzig Jahren, wobei stetig mehr Fälle von jugendlichen Tätern bekannt werden. (vgl. Huser, Leuzinger, 2011: S. 8)

Nach der polizeilichen Kriminalstatistik gab es 2017 in der Bundesrepublik Deutschland 13.539 dokumentierte Fälle von sexuellem Missbrauch an Kindern zwischen null und vierzehn Jahren, davon über 10.000 weibliche Opfer. Bei den Jugendlichen zwischen vierzehn und achtzehn Jahren lagen die Fälle bei 2.341, hier waren mit 1.828 Fällen über die Hälfte der Opfer weiblich, somit werden häufiger Mädchen sexuell misshandelt. (vgl. PKS Bundeskriminalamt, 2017, Tabelle 91)

Der sexuelle Missbrauch an Kindern wurde in 7.854 Fällen von Tätern begangen, die ein Angehöriger oder Bekannter des Opfers waren. Von diesen fast 8.000 Fällen waren 617 in einem formellen Beziehungsrahmen, somit in

---

[1] LIMITA ist eine Fachstelle zur Prävention sexueller Ausbeutung in Zürich.

Institutionen oder Organisationen. In 4.697 Fällen gab es keine nachweisbare Beziehung zu dem Opfer. (vgl. PKS Bundeskriminalamt, 2017, Tabelle 92)

In Hessen lag die Zahl der Missbrauchsopfer unter vierzehn Jahren bei 824, davon waren 619 der Opfer weiblich. Die Zahl der jugendlichen Missbrauchsopfer in Hessen lag 2017 bei 88, wovon 55 der Opfer weiblich waren. (PKS Hessen, 2017, Tabelle 91) In 468 Fällen von sexuellem Missbrauch an Kindern wurde die Tat von Verwandten oder anderen Bezugspersonen im näheren Bekanntenkreis des Opfers durchgeführt. In 52 Fällen kamen die Täter aus dem formellen Bekanntenkreis, somit aus Institutionen, Organisationen oder Gruppen. Bei den sexuellen Misshandlungen an Jugendlichen hatten die Opfer in 60 Fällen eine familiäre oder bekanntschaftliche Beziehung zu dem Opfer, wovon jedoch nur sechs Fälle aus dem familiären Kreis bekannt waren. In sechs Fällen lag eine formelle Beziehung durch Institutionen, Organisationen oder Gruppen vor. (PKS Hessen, 2017, Tabelle 92) Hier handelt es sich, wie bei allen Angaben, um die Übergriffe, die zur Anzeige gebracht wurden. Die Dunkelziffer in diesem Bereich ist wahrscheinlich deutlich höher.

1.3 Formen von sexueller Gewalt und Missbrauch

„Jede Form sexueller Ausbeutung, auch ohne Penetration und ohne körperliche Gewalt, stürzt das Kind in ein Gefühlschaos und hinterlässt meist schwerwiegende psychische Folgen." (Heuser, Leuziger, 2011: S. 7)

Bei den Formen der sexuellen Gewalt und Missbrauch kommt die Frage auf, wo sexuelle Übergriffe beginnen. Laut der Meinung einiger Wissenschaftler fangen sexuelle Übergriffe bereits bei vorsichtigen Berührungen und verletzenden Äußerungen sowie Blicken an. Das Betasten des Körpers, sowie spottende oder wohlmeinende Äußerungen über den Körper eines Kindes oder Jugendlichen fallen unter sexuelle Belästigung oder Missbrauch. Jedoch ist es schwierig, Formen der sexuellen Gewalt und Missbrauch genau zu definieren. In manchen Familien ist es alltäglich, dass Eltern und Kind sich beispielsweise im Bad nackt begegnen und es keinen der Parteien stört. (vgl. Enders, 2014: S. 29, 30)

In diesem Fall besteht kein sexueller Missbrauch. Sobald eine Situation auftritt, in der sich das Kind oder der Jugendliche unwohl fühlt und der Erwachsene sich gegen das Persönlichkeitsrecht widersetzt, kann von sexuellem Missbrauch gesprochen werden.

Nach dem StGB sind sexueller Missbrauch, Exhibitionismus und der Besitz von pornographischen Medien mit Kindern rechtswidrig. Jedoch werden lüsterne Blicke oder „harmlose" Umarmungen mit Hintergedanken außer Acht gelassen, da die Definition und Nachweisbarkeit in diesen Fällen nicht möglich ist. Das Kind oder der Jugendliche kann trotzdem ein Trauma davontragen und sich in diesen Situationen unwohl und misshandelt fühlen. (vgl. Enders, 2014: S. 29,30)

Es ist dennoch notwendig die angemessene sexuelle Entwicklung eines Kindes von sexuellen Übergriffen zu unterscheiden. Dies ist eine hohe Herausforderung für Fachkräfte sowie Eltern. Gerade wenn ein Verdacht von sexueller Gewalt unter Gleichaltrigen besteht. Im genauen sind Formen von sexueller Gewalt jede Art des Eindringens in die Scheide oder den After des Opfers oder das Manipulieren dieser. Das Masturbieren vor dem Kind oder Jugendlichen oder Handlungen bei denen das Opfer gezwungen wird die Genitalien des Täters zu berühren, pornografische Medien mit dem Opfer zu konsumieren oder das Opfer beim Geschlechtsverkehr zusehen zu lassen, werden als Formen von sexueller Gewalt definiert. In den häufigsten Fällen wirkt der Täter gezielt auf den Körper des Opfers ein ohne Penetration. Andere Formen bilden das gezielte Beobachten des Opfers zur sexuellen Befriedigung, das Entblößen vor dem Opfer (Exhibitionismus) und verbale Übergriffe, beispielsweise das Beurteilen und Kommentieren der Entwicklung der Geschlechtsmerkmale. (vgl. Huser, Leuzinger, 2011: S. 7)

2 Institutionen der Erziehungshilfe

Einrichtungen der Kinder- und Jugendhilfe arbeiten nach der Vorgabe des SGB VIII. Dort werden, im vierten Abschnitt, die Hilfe zur Erziehung, die Eingliederungshilfe für seelisch behinderte Kinder und Jugendliche und die Hilfe für junge Volljährige definiert. Dieser Abschnitt bildet die Grundlage für die Heimerziehung. § 34 SGB VIII definiert die Ziele des Heimaufenthaltes. Dort ist die Grundlage für die Heimerziehung und sonstige betreute Wohnformen geregelt, was unter den Begriff Hilfe zur Erziehung gefasst wird. (s. SGB VIII § 34)

Die Kinder und Jugendlichen sollen durch ein Alltagserleben mit pädagogischen und therapeutischen Angeboten in ihrer Entwicklung gefördert werden. Die Ziele des Heimaufenthaltes sind, das Kind oder den Jugendlichen auf Grundlage des Alters, des Entwicklungsstandes und der Erziehungsbedingungen in der Herkunftsfamilie, auf die Erziehung in einer anderen Familie oder auf ein späteres selbstständiges Leben vorzubereiten. Bei dem letzten Ziel ist ein längerfristiger Heimaufenthalt notwendig. (s. SGB VIII § 34) Die stationären Kinder- und Jugendhilfeeinrichtungen stehen in Verbindung mit anderen Institutionen und Personen. Der Träger muss nach dem SGB VIII mit dem Jugendamt und, wenn möglich, mit den Familien der Nutzer in Verbindung stehen und kooperieren. Das Jugendamt hat zudem die Pflicht, zu überprüfen, ob die Hilfemaßnahme der zu betreuenden Person angemessen ist. (s. SGB VIII §37)

Im SGB VIII sind zudem die Mittel, die die öffentliche Jugendhilfe (Jugendämter) an die freie Jugendhilfe (freie Träger) tätigen müssen, festgelegt. Hier wird beschrieben, dass finanzielle Mittel für Fortbildungen der Mitarbeiter bereitgestellt werden müssen. (s. SGB VIII §74 Absatz 6)

Des Weiteren arbeiten Institutionen der Jugendhilfe gruppenübergreifend mit Schulen, Kindertageseinrichtungen, Psychotherapeuten, Kliniken, Ärzten und Beratungsstellen, wie Wildwasser und der Weisse Ring, zusammen. Somit ein Personenkreis, der die Situation der Betroffenen bestmöglich einschätzen kann, um die optimale Hilfe herauszuarbeiten. (vgl. Günder, 2011: S. 62,63)

Im folgenden Kapitel wird die Institution der stationären Familienhilfe näher betrachtet. Zunächst wird auf die allgemeinen Einweisungsgründe in eine stationäre Einrichtung eingegangen. Das letzte Unterkapitel bildet den Hauptteil dieses Bereiches und erläutert die pädagogischen Konzepte von Einrichtungen. Hier werden drei verschiedene Konzeptionen von stationären Wohnformen mit den Präventionskriterien des hessischen Sozialministeriums verglichen. Es wird die Überlegung aufgestellt, ob sie diesen entsprechen.

2.1 Einweisungsgründe

Die Gründe für einen Aufenthalt in einer Einrichtung der Kinder- und Jugendhilfe sind vielseitig. Dort leben Kinder und Jugendliche, die außerhalb ihrer Familie aufwachsen und ihren Alltag verbringen müssen. (vgl. Mannschatz, 1988: S. 29)

Sie benötigen die Unterstützung und Zuneigung der Erzieher, sowie die Sicherheit in der Gemeinschaft und sollen optimal auf ihr späteres, eigenständiges Leben in der Gesellschaft vorbereitet werden. Trotzdem bedarf es eine individuelle Behandlung jedes Heimkindes, da alle mit unterschiedlichen Problemen und aus verschiedenen familiären Verhältnissen in die Institution kommen. (vgl. Mannschatz, 1988: S. 29)

Es wird zwischen familienergänzenden und familienersetzenden Einrichtungen unterschieden. Bei familienergänzenden oder unterstützenden Institutionen handelt es sich meist um Wohnheime, Internate oder Heime für Auszubildende. Dort geht es hauptsächlich um die berufliche und schulische Perspektive der Kinder und Jugendlichen, diese besuchen in regelmäßigen Abständen ihre Familien im Heimatort. (vgl. Hobmair et al, 2013: S. 315-317)

Diese wissenschaftliche Arbeit setzt sich lediglich mit dem Bereich der Einrichtungen der familienersetzenden Institutionen auseinander. Diese Einrichtungen wollen die Familie mittel- oder langfristig ersetzen. Die Kinder oder Jugendlichen bewohnen eine Institution der ersetzenden Familienhilfe, weil sie in ihrer Herkunftsfamilie keine ausreichende Erziehung und Unterstützung erfahren. Gründe hierfür sind:

- Der Tod oder eine Erkrankung eines oder beider Elternteile
- Die Unfähigkeit eines oder beider Elternteile zur Erziehung
- Die Misshandlung oder sexuelle Gewalt der Kinder oder Jugendlichen durch die Eltern oder andere Straftaten an dem Kind oder Jugendlichen
- Vernachlässigung
- Die Gefährdung der Entwicklung des Kindes durch destruktive Verhältnisse im Elternhaus
- Auffälligkeiten des Kindes, die durch die Erziehung in der Familie verursacht wurden
- Die Behinderung eines Kindes (vgl. Hobmair et al, 2013: S. 316,317)
- Ein niedriges Kultur- und Bildungsniveau der Eltern, sodass ihnen, trotz Unterstützung der Gesellschaft und ihrem guten Willen, die Erziehung und Betreuung des Kindes nicht weiterhin zugestanden werden kann
- Die Gefährdung der positiven Persönlichkeitsentwicklung in der Herkunftsfamilie (vgl. Mannschatz, 1988: S. 30)
- Vernachlässigung der Schulpflicht
- Überforderung der Eltern bei der Ausübung des Erziehungsauftrages (vgl. Rätz- Heinisch, Schröer, Wolff, 2009: S. 158)

Die Unterbringungen in einer Institution der Kinder- und Jugendhilfe benötigt im Regelfall das Einverständnis der Erziehungsberechtigten. In Ausnahmefällen kann nach § 35a SGB VIII oder nach § 8a SGB VIII das Familiengericht eine Heimunterbringung beschließen. § 35a SGB definiert die Eingliederungshilfe für seelisch behinderte Kinder und Jugendliche und § 8a SGB definiert den Schutzauftrag bei Kindeswohlgefährdung. Hierzu zählt unter anderem sexuelle Misshandlung und Gewalt. (s. § 8a SGB VIII, § 35a SGB VIII) Die breite Fächerung der Einweisungsgründe gestaltet die Grundlage der individuellen Hilfen für die Kinder und Jugendlichen. Diese Hilfen sind in dem pädagogischen Konzept der einzelnen Institutionen verankert. Die Konzepte werden ebenfalls auf der Grundlage des SGB VIII gestaltet.

2.2 pädagogische Konzepte

Um die Kinder und Jugendlichen optimal unterstützen und gegebenenfalls auf das alleinige Leben in der Gesellschaft vorbereiten zu können, muss an den Defiziten der Kinder gearbeitet werden. Je nachdem wie die Defizite, das Trauma oder die Entwicklung des Kindes oder des Jugendlichen fortgeschritten sind, werden die Angebote angepasst.

Diese Angebote und Handlungsfelder sowie die pädagogische Arbeit sind in dem jeweiligen Konzept einer Einrichtung festgelegt. Im Folgenden werden drei Konzepte von unterschiedlichen stationären Hilfeeinrichtungen mit den Präventionskriterien des hessischen Sozialministeriums bei sexueller Gewalt verglichen. Diese drei unterschiedlichen Jugendhilfeeinrichtungen wurden aufgrund der unterschiedlichen Schwerpunkte und Aufnahmekriterien ausgewählt. Sie befinden sich alle in Hessen, da die Konzeptionen mit den Anforderungen des hessischen Sozialministeriums verglichen werden.

Teilweise haben die Einrichtungen nicht nur stationäre Wohngruppen, jedoch werden andere Hilfeformen der Träger nicht berücksichtigt, da sich diese Arbeit mit den Konzepten der stationären Wohngruppen befasst. Dies soll einen Einblick in Konzeptionen der Heimerziehung geben und ist keine empirische Stichprobe der Grundgesamtheit.

Die erste Einrichtung ist der Jugendhof Pohl-Göns e.V.. Dieser liegt in einem Stadtteil von Butzbach und bietet Platz für neun männliche Kinder und Jugendliche im Alter zwischen zwölf und achtzehn Jahren. Die Einrichtung bestätigt in der Konzeption, dass unter anderem Kinder und Jugendliche, denen sexuelle Gewalt und Missbrauch widerfahren ist, aufgenommen werden. Die Institution vertritt ein humanistisches Menschenbild und möchte den Kindern und Jugendlichen einen Raum schaffen, indem sie wachsen und sich entwickeln können. Zudem vertritt die Einrichtung eine konfrontative Pädagogik. Geprägt wird das Leitbild von einem Zitat von Jean-Jacques Rousseau „Das Vertrauen erhebt die Seele" (vgl. Konzeption Jugendhof, 2016: S. 3-8)

Die zweite Einrichtung ist die intensivpädagogische Wohngruppe der klinischen Jugendhilfe 1-2-GO. Diese Wohngruppe liegt in Freiensteinau und befasst sich mit Kindern und Jugendlichen, die eine betreuungsintensive und fachübergreifende stationäre Hilfe bedürfen. Unter anderem nimmt diese

Einrichtung Kinder und Jugendliche mit auffälliger sexueller Entwicklung und Traumafolgeerkrankungen auf. Die Wohngruppe stellt fünf Plätze für Mädchen und Jungen zwischen zwölf und achtzehn Jahren bereit. Die intensivpädagogische Wohngruppe bietet neben der pädagogischen Betreuung, zusätzlich medizinische und psychiatrische Betreuung. (vgl. Konzeption Klinische Jugendhilfe, 2015: S. 4-7)

Die dritte Institution sind die Kinder- und Jugendhäuser Lollar GmbH. Dies ist ein freier Träger. Der Träger verfügt über insgesamt acht Wohngruppen im Umkreis von Gießen. In diesen stationären Wohngruppen leben zwischen acht und neun Kinder und Jugendliche im Alter von sieben bis achtzehn Jahren. Das Konzept der Kinder und Jugendhäuser Lollar beruht auf dem Leitspruch „Flexible Hilfen unter einem Dach" und hat unter anderem zum Ziel, die Kinder und Jugendlichen zur Selbstständigkeit zu erziehen, und ihnen einen geregelten und strukturierten Tagesablauf beizubringen. (vgl. Konzeption KJH, o.J.: S. 1, 2)

Solange es möglich ist, besteht das übergeordnete Ziel darin, die Kinder und Jugendlichen in ihre Herkunftsfamilien zu reintegrieren. (vgl. Konzeption KJH, o.J.: S. 2) Zudem haben die Kinder- und Jugendhäuser ein extra sexualpädagogisches Konzept.

Die Präventionskriterien des hessischen Sozialministerium sind in fünf Ebenen unterteilt: die Ebene der Einrichtung, die Ebene der Leitung, die Ebene der Beschäftigten, die Ebene der Nutzerinnen und Nutzer und die Ebene des Einrichtungsträgers, der Kostenträger und Aufsichtsbehörden. Es werden hier die Ebenen der Einrichtung, der Beschäftigten und der Nutzerinnen und Nutzer näher erläutert und mit der Konzeption verglichen.

Die Punkte der Ebene der Einrichtung sind:

1. Das bewusste Entscheiden für die Präventionsarbeit gegen sexuelle Gewalt und Missbrauch
2. Das Bewusstsein darüber haben, dass sexuelle Gewalt in der eigenen Einrichtung vorkommen kann.
3. Eine Risikoanalyse wird einrichtungsspezifisch durchgeführt.

4. Ein Regelwerk wird durch und für die Einrichtung erstellt. (vgl. Hessisches Sozialministerium, 2013: S. 6)

Bevor Prävention in die Konzeption aufgenommen werden kann, muss sich jede Einrichtung individuell für Präventionsmaßnahmen und die Auseinandersetzung mit sexueller Gewalt und Missbrauch entscheiden. (vgl.ebd.: S. 7) Diese Entscheidung haben alle Einrichtungen getroffen, da sie Kinder und Jugendliche mit Erfahrungen im Bereich Missbrauch in der Zielgruppe nicht ausschließen.

Der Jugendhof Pohl-Göns beschreibt in seiner Zielgruppe Kinder und Jugendliche mit (sexueller) Missbrauchserfahrung und Kinder und Jugendliche mit Störungen des Sozialverhaltens und der sozialen Entwicklung. (vgl. Konzeption Jugendhof, 2016: S. 8)

Die intensivpädagogische Wohngruppe hat eine größere Zielgruppe, da sie durch die direkte psychologische Betreuung mehrere Erkrankungen behandeln kann. Hier ist beschrieben, dass Kinder und Jugendliche aufgenommen werden, die Auffälligkeiten in der sexuellen Entwicklung, Verhaltensauffälligkeiten und Entwicklungsstörungen zeigen. (vgl. Konzeption Klinische Jugendhilfe, 2015: S. 6,7)

Die Kinder- und Jugendhäuser Lollar schließen in der Zielgruppenbeschreibung Kinder und Jugendliche mit sexuellen Gewalterfahrungen nicht aus, beschreiben sie jedoch nicht näher. Es werden allgemein Kinder und Jugendliche aus destruktiven Herkunftsfamilien und mit Verhaltens-, Entwicklungs- und Beziehungsstörungen aufgenommen. (vgl. Konzeption KJH, o.J., S. 4,5) Durch das separate sexualpädagogische Konzept und das Präventionskonzept wird deutlich, dass dieser Träger die Arbeit mit der Prävention von sexueller Gewalt und Missbrauch bewusst angeht. (vgl. sexualpädagogisches Konzept KJH, o.J., Präventionskonzept KJH, 2002)

Die Punkte zwei bis vier konnten aus zwei von drei Konzeptionen nicht entnommen werden. Sie sind somit nicht in der Konzeption verankert. Punkt drei wird im Präventionskonzept der Kinder- und Jugendhäuser Lollar angesprochen. (vgl. Präventionskonzept KJH, 2012: o.S.) Punkt vier „ein Regelwerk soll erstellt werden" ist durch die Kinder- und Jugendhäuser Lollar im sexualpädagogischen Konzept weitestgehend umgesetzt worden. (vgl.

sexualpädagogisches Konzept KJH, o.J: o.S.) Der zweite Punkt fehlt dennoch hier ebenfalls gänzlich.

Die Prävention richtet sich an alle Kinder und Jugendliche und nicht lediglich an diese, die bereits Erfahrungen mit Missbrauch haben. Dennoch wird durch die Aufnahme in die Zielgruppe deutlich, dass sich die jeweiligen Institutionen bereits mit dem Thema auseinandergesetzt haben und sich der Herausforderung bewusst sind.

Die Ebene der Beschäftigten ist wie folgt unterteilt:

1. „Erarbeitung und Anwendung eines sexualpädagogischen Konzeptes (möglichst auch: Medienpädagogisches Konzept)
2. Auseinandersetzung mit Rollenbildern
3. Bewusste Gestaltung des pädagogischen Alltags
4. Qualitätssicherung
5. Regelmäßige Supervision/regelmäßige externe Supervision
6. Beschwerdemanagement" (Hessisches Sozialministerium, 2013: S. 6)

Das hessische Sozialministerium empfiehlt, dass jede Institution ein sexualpädagogisches Konzept haben sollte. Die Sexualität im Jugendalter unterscheidet sich deutlich von sexueller Gewalt, jedoch ist es für die Präventionsarbeit wichtig, dass die Kinder und Jugendlichen sich mit ihrer Sexualität auseinandersetzen und dieser Bereich der Entwicklung nicht verschwiegen wird. Sie sollen so den Umgang mit Sexualität und dem eigenen Körper kennen und verstehen lernen. Zudem schwindet mit dem angemessenen Umgang mit Sexualität die Hemmschwelle Nein zu sagen und über unangenehme Erfahrungen zu sprechen. Durch das sexualpädagogische Konzept sollen die Kinder und Jugendlichen unterstützt und in ihrer Entwicklung gestärkt werden. (vgl. Hessisches Sozialministerium, 2013: S. 12)

Der Jugendhof Pohl-Göns beinhaltet in seiner Konzeption kein sexualpädagogisches Konzept. Ansätze zur Unterstützung der sexuellen Entwicklung sind in den allgemeinen Tagesstrukturen und Gruppensitzungen verankert, jedoch fehlt der Bereich der Sexualpädagogik in dieser Konzeption gänzlich.

Die intensivpädagogische Wohngruppe der klinischen Jugendhilfe hat ebenfalls kein sexualpädagogisches Konzept. Diese Einrichtung zeichnet sich durch die medizinische und psychologische Anbindung aus. Die Fachkräfte können gezielt mit den Opfern und potentiellen Opfern arbeiten. Dennoch fehlt für die allgemeine Konzeption hier der sexualpädagogische Ansatz.

Die Kinder- und Jugendhäuser Lollar verfügen über ein sexualpädagogisches Konzept. Dort sind die rechtlichen Grundlagen angegeben. Zudem enthält es eine Orientierungshilfe für die Betreuer, in der beschrieben wird, welche sexuellen Handlungen unter den Kindern und Jugendlichen angebracht sind und welche nicht. Desweitern wird beschrieben, dass es in den Wohngruppen Präventions- und Interventionspläne gibt, die beachtet werden müssen. (vgl. sexualpädagogisches Konzept KJH, o.J.: o.S.) Genaue sexualpädagogische Vorgehensweisen sind jedoch hier nicht beschrieben.

Bedeutsam sind die Gestaltung des pädagogischen Alltags und die Auseinandersetzung mit dem Rollenbild. Hier müssen Ansätze verankert sein, die auf den ersten Blick nichts mit Prävention gegen sexuellen Missbrauch zu tun haben. Jedoch durch das Stärken der Kinder und Jugendlichen und das Fördern der Ressourcen und des Selbstbewusstseins, wird sexueller Gewalt und Missbrauch vorgebeugt. (vgl. Hessisches Sozialministerium, 2013: S. 13)

Kinder und Jugendliche, die eine sichere Basis und Vertrauen zu bestimmten Bezugspersonen haben, sind keine leichten Opfer. Lob, Zuwendung und Aufmerksamkeit müssen den Kindern und Jugendlichen gegeben werden und sie müssen in ihrer Entwicklung unterstützt werden. Es sollte eine Vertrauensbeziehung entstehen und somit eine sichere Bindung. Das Rollenbild muss dahingehend behandelt werden, dass verdeutlicht wird, dass nicht nur Mädchen potentielle Opfer sind und Frauen ebenfalls Täter sein können. Der Blick sollte offen sein für jegliche Gefahren. (vgl. Hessisches Sozialministerium, 2013: S. 13)

Diese Grundannahme vertritt der Jugendhof Pohl-Göns. In der Konzeption wird beschrieben, dass das Hauptaugenmerk auf die Stärken, Ressourcen und Kompetenzen der Kinder und Jugendlichen gelegt wird. Sie werden in ihrem Selbstwert gefördert und im Alltag und bei Problemen unterstützt. Dennoch wird kein regelmissachtendes Verhalten toleriert. Es soll, wie vom hessischen Sozialministerium gefordert, ein Vertrauensverhältnis entstehen, das eine Basis für die Kinder und Jugendlichen bildet. (vgl. Konzeption Jugendhof, 2016: S. 5) Die Auseinandersetzung mit dem Rollenbild wird in der Konzeption nicht berücksichtigt.

Die intensivpädagogische Wohngruppe hat einen ähnlichen Ansatz, jedoch mit einer intensiveren psychologischen Betreuung, angepasst an die höheren Betreuungsbedürfnisse der Klienten. Das Betreuungskonzept beinhaltet die Förderung von Stärken, Ressourcen und Fähigkeiten der Bewohner und die Stärkung des Ich-gefühls, des Selbstwertes und des Selbstbewusstseins. Es sollen positive Beziehungserfahrungen geschaffen und destruktive Verhaltensweisen korrigiert werden. Das Vertrauensverhältnis zwischen den Kindern und Jugendlichen und den Erwachsenen wird als bedeutsam angesehen. Zudem soll diese Basis Stress vermeiden und den Klienten Halt geben. (vgl. Konzeption Klinische Jugendhilfe, 2015: S. 8,9) Der Bereich der Rollenbilder wird in der Konzeption nicht angesprochen. Somit wird das Konzept intensivpädagogischen Wohngruppe ebenfalls den Ansprüchen der Gestaltung des pädagogischen Alltags nach dem hessischen Sozialministerium gerecht, jedoch nicht denen der Auseinandersetzung mit Rollenbildern.

Die dritte Institution vertritt dieselben Grundannahmen, wie die beiden vorherigen Einrichtungen. Hier soll den Klienten Nähe, Geborgenheit und Zuneigung gegeben werden, damit sie sich sicher und heimisch fühlen und ein stabiles Umfeld genießen können. Das Leben in der Wohngruppe soll so nah an der Normalität sein wie möglich. (Konzeption KJH, o.J.: S, 5,6) Die Rollenbilder werden hier nicht thematisiert.

Nach dem hessischen Sozialministerium sind weitere zu beachtende Punkte die Qualitätssicherung, sowie interne und externe Supervisionen. Zur Qualitätssicherung zählen Fort- und Weiterbildungen, Informationen über sexuelle Gewalt und gegebenenfalls Dokumentation über grenzwertige Interventionspläne, sowie Befragungen der Beschäftigten. Die Supervisionen tragen ebenfalls zur Qualität bei und es sollten sowohl Gespräche im Team und mit externen Fachkräften stattfinden. (vgl. Hessisches Sozialministerium, 2013: S. 13,14)

Im Jugendhof Pohl-Göns finden wöchentliche Dienstbesprechungen statt und alle vier Wochen wird eine Supervision mit externen Fachkräften durchgeführt. Fort- und Weiterbildungen werden ebenfalls im Konzept festgelegt und sind verpflichtend für die Mitarbeiter. Im Konzept werden Fortbildungen im Bereich der sexuellen Gewalt nicht explizit erwähnt. Fortbildungen, die in die Richtung gehen könnten und erwähnt werden, sind solche, die den Umgang mit Medien und den Umgang mit traumatisierten Jugendlichen thematisieren. Der Einrichtung ist die Reflexionsfähigkeit der Mitarbeiter wichtig, sowie die Transparenz. Somit ist ein großer Teil der Anforderungen des hessischen Sozialministeriums erfüllt. Die Dokumentation, sowie die Information ist im Konzept nicht verankert. (vgl. Konzeption Jugendhof, 2016: S. 15,16)

Die intensivpädagogische Wohngruppe hat den Bereich der Qualitätssicherung ausführlich in der Konzeption beschrieben. Der Bereich Informationen über sexuelle Gewalt ist hier nicht beschrieben. Die Einrichtung verfügt über Teamsitzungen und Supervisionen mit externen Fachkräften. Die Reflexion und Befragung der Mitarbeiter ist fundamental. Die Mitarbeiter sollen zudem die Arbeit dokumentieren und Handlungsprozesse festhalten. Es wird nicht explizit die Dokumentation der Interventionspläne beschrieben, jedoch wird von einer allgemeinen Dokumentation zur Nachvollziehung der Prozesse gesprochen, was diesen Bereich miteinschließt. (vgl. Konzeption Klinische Jugendhilfe, 2015: S. 15,16)

Die Fort- und Weiterbildungen werden nicht näher beschrieben. Es wird in einem Satz erläutert, dass es Fortbildungen für Mitarbeiter gibt und die Zusatzausbildung zum klinischen Pädagogen angeboten wird. (vgl. Konzeption Klinische Jugendhilfe, 2015: S. 11)

Die Kinder und Jugendhäuser Lollar verfügen ebenfalls über Teamsitzungen und Supervisionen mit externen Fachkräften. Fortbildungen werden angeboten, jedoch nicht explizit gegen sexuelle Gewalt. Eine Dokumentation ist hier nicht vorgesehen. Jedoch befasst sich diese Wohngruppe intensiver mit der Übermittlung von Informationen zum Thema sexuelle Gewalt. (vgl. Konzeption KJH, o.J.: S. 5) Die gesetzlichen Grundlagen sind im sexualpädagogischen Konzept verankert. Dort wird beschrieben, dass jeder Mitarbeiter die Literatur zur sexuellen Gewalt lesen muss und die Präventions- und

Interventionspläne zweimal im Jahr kontrolliert werden. (vgl. sexualpädagogisches Konzept KJH, o.J.: S. 5)

Der letzte Punkt im Bereich der Beschäftigten ist das Beschwerdemanagement. Hierfür sollte eine Person ausgewählt werden, bei der sich die Mitarbeiter über Missstände beschweren können. Hierbei kann es sich gegebenenfalls um eine externe Instanz handeln. (vgl. Hessisches Sozialministerium, 2013: S. 14)

Keine der drei Institutionen hat den Bereich Beschwerdemanagement für Mitarbeiter im Konzept verankert. In den Teamsitzungen und Supervisionen kann Kritik geäußert werden, jedoch gibt es keinen alleinigen Ansprechpartner bei Problemen.

Der nächste Bereich, der vom hessischen Sozialministerium aufgezeigt wird, ist der der Nutzer der Hilfen. Dieser hat mehrere Punkte:

1. „Grenzwahrender Umgang im pädagogischen Alltag
2. Atmosphäre der Offenheit / Ermutigung
3. Sexualpädagogisches Konzept (möglichst auch: Medienpädagogisches Konzept)
4. Auseinandersetzung mit Rollenbildern
5. Vermittlung der eigenen Rechte
6. Vermittlung klar definierter Regeln und Grenzen
7. Vermittlung klar definierter Grenzen für (jugendliche) Täter
8. Schutz der Intimsphäre" (Hessisches Sozialministerium, 2013: S. 6,7)
9. „Partizipation
10. eigene Interessenvertretung (Heimrat)
11. regelmäßige Befragung der Nutzerinnen und Nutzer
12. Beschwerdemanagement
13. unabhängige Ansprechperson für Nutzerinnen und Nutzer in der Einrichtung
14. externe Ansprechpersonen und Angebot von Präventionsveranstaltungen und -materialien." (Hessisches Sozialministerium, 2013: S. 6,7)

Einige Punkte überschneiden sich mit denen, die bereits für die Mitarbeiter vorgesehen sind. Punkt eins, zwei, drei und vier wurden bereits im Bereich der Mitarbeiter erläutert und mit den Konzeptionen verglichen. Die Rechte der Kinder und Jugendlichen sollten ihnen vermittelt werden, sowie klare Regeln und Grenzen. Dies kann durch Rechte und Regelkataloge oder regelmäßige Sitzungen geschehen. (vgl. ebd. S. 15)

Diese Bereiche deckt der Jugendhof Pohl-Göns vollends ab. Dort wurde festgelegt, dass die Rechte den Kindern verdeutlicht werden müssen, da sie sich nur darauf beziehen können, wenn ihnen diese bekannt sind. (vgl. Konzeption Jugendhof, 2016: S. 10) Zudem werden Regeln und Grenzen festgelegt, da die Bewohner sich durch das Einhalten der Regeln und durch gutes Verhalten hocharbeiten können. Dieser Ansatz basiert auf dem System RuMmS (Regeln und Maßnahmen machen Sinn), wonach sich jeder Jugendliche bei gutem Verhalten hocharbeiten kann und beispielsweise ein besseres Zimmer und mehr Freiheiten bekommt. Eine Rückstufung ist bei Fehlverhalten möglich. (vgl. ebd.: S. 5,6)

In der Konzeption der intensivpädagogischen Wohngruppe wird erwähnt, dass auf die Rechte der Bewohner und auf die Einhaltung der Regeln hohen Wert gelegt wird. Jedoch ist dieser Bereich nicht näher erläutert und ausgearbeitet. (vgl. Konzeption Klinische Jugendhilfe, 2015: S. 9,15)

Die Kinder- und Jugendhäuser Lollar verfügen über einen extra Rechtekatalog, der direkt an die Kinder und Jugendlichen gerichtet ist und ihnen vor dem Einzug vorgelegt und erläutert wird. In diesem Rechtekatalog werden zudem die Pflichten der Nutzer erläutert. Es wird verdeutlicht, dass sich die Kinder und Jugendlichen an Regeln halten müssen. (vgl. Rechtekatalog KJH, o.J., o.S.)

Der Jugendhof Pohl-Göns legt großen Wert auf Partizipation. Es wird regelmäßig ein Heimrat von den Jugendlichen gewählt. Die Jugendlichen dürfen bei Essensplanung, Freizeitgestaltung und bei Anschaffungen mitbestimmen und werden integriert und ernst genommen. Zudem verfügt die Wohngruppe über ein Gremium, das einmal die Woche mit allen Bewohnern, inklusive den Betreuern, stattfindet. Dort können die Jugendlichen untereinander alle wichtigen Themen besprechen. Die Betreuer versuchen sich nach und nach aus dem Gespräch rauszunehmen. So werden Probleme angesprochen und die Atmosphäre verbessert. Beschwerden oder Verbesserungen an der Tagesstruktur können geäußert werden. Trotz allem wird die Intimsphäre der Jugendlichen gewahrt und jeder hat seinen Rückzugsort. (vgl. Konzeption Jugendhof, 2016: S. 9-11) Somit hat der Jugendhof die Punkte acht, neun, zehn und elf des hessischen Sozialministeriums umgesetzt. (vgl. Hessisches Sozialministerium, 2013: S. 15,16)

Die intensivpädagogische Wohngruppe sieht Partizipation als ein Zeichen von Qualität an. Sie verfügt über keinen Heimrat, jedoch wird pro Wohngruppe ein Sprecher gewählt, der die Ansichten und Wünsche der Kinder und Jugendlichen an die Betreuer oder die Leitung weitertragen kann. Über Strukturen, Regeln und Freizeitangebote wird in regelmäßig stattfindenden Gesprächskreisen geredet. Der Bereich der Intimsphäre wird nicht näher beleuchtet, jedoch hat jeder Nutzer ein eigenes Zimmer und Rückzugsmöglichkeiten. (vgl. Konzeption Klinische Jugendhilfe, 2015: S. 8,18) Die intensivpädagogische Wohngruppe hat den Punkt Partizipation ausführlich in der Konzeption verankert, jedoch verfügen sie über keinen Heimrat und haben den Bereich der Intimsphäre und der Befragung der Kinder und Jugendlichen nicht ausreichend in der Konzeption verankert.

Die Kinder und Jugendhäuser Lollar beschreiben in der Konzeption keinen der Punkte des hessischen Sozialministeriums. Es finden sich in den Konzeptionen Ansätze zur partizipativen Arbeit, dennoch sind diese Ansätze nicht ausreichend ausgearbeitet und beschrieben. (vgl. Präventionskonzept KJH, 2002: o.S.)

Die vom hessischen Sozialministerium verankerten Punkte des Beschwerdemanagements und den externen und internen Ansprechpartnern wird in den Konzeptionen unterschiedlich intensiv berücksichtigt.

Der Jugendhof Pohl-Göns erläutert, dass in den wöchentlichen Gruppensitzungen Beschwerden von den Jugendlichen angenommen und diese in der Teamsitzung besprochen werden. Die Jugendlichen bekommen eine schriftliche Rückmeldung und eine mündliche Erklärung. Einen einzelnen internen und externen Ansprechpartner bei Beschwerden sieht die Konzeption nicht vor. (vgl. Konzeption Jugendhof, 2016: S. 10,11)

Das Konzept der intensivpädagogischen Wohngruppe sieht das Beschwerdemanagement als einen Teil der Qualitätssicherung an. Die Kinder und Jugendlichen bekommen diese Informationen direkt bei Erstkontakt anhand einer Broschüre und den Kontaktdaten. Ihnen werden der Beschwerdeweg und das Schema erklärt. Zudem wird ihnen mitgeteilt, dass sie sich jeder Zeit bei den Betreuern, Leitern und der pädagogischen Leitung melden können, falls Probleme auftreten. Sie bekommen die Information, dass sie sich bei der Leitung der klinischen Jugendhilfe direkt melden können ohne die Betreuer vor Ort informieren zu müssen. (vgl. Konzeption Klinische Jugendhilfe, 2015: S. 19)

Die Kinder und Jugendhäuser Lollar haben den Bereich des Beschwerdemanagements nicht im Konzept verankert, jedoch wird dies im Rechtekatalog, den jedes Kind und jeder Jugendliche vor Einzug ausgehändigt bekommt, erläutert. Dort steht, dass die Nutzer das Recht haben sich zu beschweren. Sie können die Beschwerden direkt an die Betreuer der Wohngruppe oder an die Leitung der Kinder und Jugendhäuser richten. Von der Leitung bekommen die Kinder und Jugendlichen die Kontaktdaten. Allgemein ist dort beschrieben, dass sie ihre Beschwerden an jeden Mitarbeiter, dem sie vertrauen, richten können. (vgl. Rechtekatalog KJH, o.J.: S. 3)

Alle drei Institutionen Arbeiten nach dem SGB VIII und haben dies in den Konzepten und der Leistungsvereinbarung verankert. Die zu Beginn genannten Ziele des § 34 SGB VIII finden sich in der näheren Beschreibung der Einrichtungen, in diesem Kapitel, wieder. (vgl. Konzeption Jugendhof, 2016: S. 3, Konzeption Klinische Jugendhilfe, 2015: S. 6, Konzeption KJH, o.J.: S. 4)

Zusammenfassend ist zu sagen, dass alle drei Konzeptionen unterschiedliche Ansätze und Zielgruppen haben, jedoch ähneln sich die Konzepte. Die Kriterien des hessischen Sozialministeriums sind nur teilweise und die einzelnen Punkte nicht ganzheitlich berücksichtigt worden.

Es wird deutlich, dass sich die intensivpädagogische Wohngruppe und der Jugendhof Pohl-Göns intensiv mit dem Bereich der Partizipation und Beschwerde auseinandergesetzt haben und die Konzeptionen übersichtlich gestaltet wurden. Die Kinder und Jugendhäuser Lollar verfügen über viele Konzepte und haben sich intensiver mit dem Bereich der sexuellen Gewalt und dessen Prävention auseinandergesetzt. Jedoch haben sie die notwendigen Bereiche nicht ausreichend erläutert und die genaue Präventionsarbeit nicht vollständig beschrieben.

Nach den Präventionskriterien des hessischen Sozialministeriums müssten alle drei Konzepte überarbeitet und neugestaltet werden.

3 Prävention

Prävention zielt darauf ab, vorbeugend zu wirken und Ausschreitungen, in diesem Fall den sexuellen Missbrauch, zu verhindern. Kinder und Jugendliche sollten nicht hauptsächlich vor der Gefahr vor Fremden gewarnt werden, wie es üblicherweise geschieht, sondern ihnen sollte außerdem bewusst gemacht werden, dass Täter meist im sozialen Umfeld zu finden sind (Eltern, Bekannte, Lehrer, Stiefeltern, Brüder usw.). Zudem sollten die Stärken und das Selbstwertgefühl des Kindes gefördert werden. Unsichere, emotional abhängige Kinder und Jugendliche sind geeignete und leichte Opfer (vgl. Huser, Leuzinger, 2011: S. 33). Es gibt drei Ebenen der Prävention: die Primär-, Sekundär-, und Tertiärprävention. Primärprävention muss in allen Bereichen ansetzen. Damit sind das Individuum, die Institutionen, die Familie und das Umfeld gemeint. Das Ziel ist die Verhinderung der Inzidenzrate, indem die Risikofaktoren gemindert werden. (vgl. Damrow, 2006: S. 59,60) Die zweite Ebene umfasst Maßnahmen, die der Früherkennung von Risikofaktoren dienen. Die Auftretenswahrscheinlichkeit soll reduziert werden. Bei der Tertiärprävention geht es um die optimale Behandlung und Betreuung von Menschen, denen sexueller Missbrauch widerfahren ist. Sie ähnelt der Rehabilitation und verschmilzt mit dem Bereich der Intervention. Zudem widmet sie sich der Verhinderung neues Missbrauchserfahrungen. (vgl. Herrmann, Dettmeyer, Banaschak, Thyen, 2016: S. 388)

Kristina Schröder, von 2009 bis 2013 Bundesministerin für Familie, Senioren, Frauen und Jugend, griff für den Bereich Prävention vier von insgesamt zehn Zielsetzungen auf:

1. „Erarbeitung von verbindlichen Selbstverpflichtungserklärungen zur Aufstellung und Umsetzung klarer Verhaltensregeln im Umgang mit Kindesmissbrauch
2. Maßnahmen zur behutsamen Sensibilisierung und zur Stärkung von Mädchen und Jungen, damit sie Missbrauch erkennen und klar benennen können
3. Maßnahmen zur flächendeckenden Sensibilisierung und Weiterbildung von Fachkräften unterschiedlicher Professionen, sowie von Eltern und Erziehungsberechtigten zum Erkennen, wie auch zur

Prävention und Intervention bei sexualisierter Gewalt an Mädchen und Jungen.

4. Strukturelle Maßnahmen, wie Einbindung relevanter Organisationen als Partner von Bildungsinstitutionen, Überprüfung von Aus- und Fortbildungen sowie Zulassungsbedingungen von pädagogisch tätigem Personal" (Nikles, 2011: S. 3)

Prävention kann durch die Opferprävention und die Täterprävention stattfinden. Es ist jedoch nicht möglich durch Prävention sexuellen Missbrauch gänzlich zu verhindern, da der sexuelle Missbrauch von Kindern keine Diagnose, sondern eine Verfahrensweise und ein Verhalten ist. (vgl. Damrow, 2006: S. 58)

In diesem Kapitel wird auf die unterschiedlichen Maßnahmen der Prävention eingegangen, der Bereich der Fachkräfte wird angesprochen. Dort wird erläutert, wie solche Übergriffe erkannt werden können. Zum Schluss folgt ein Kapitel über die Chancen und Herausforderungen der Prävention.

3.1 Maßnahmen

Dieses Unterkapitel befasst sich mit verschiedenen Präventionsmaßnahmen und Ansätzen. Es wird lediglich auf die Opferprävention eingegangen. Die drei folgenden Unterkapitel befassen sich mit dem Bereich der Resilienzförderung, dem offenen Umgang mit Sexualität und Gewalt und den Täterstrategien. Diese drei Punkte wurden ausgewählt, weil sie den Großteil der Opferprävention bilden. Es gibt zudem noch andere Präventionsmaßnahmen, die den Umfang dieser Arbeit überschreiten würden und aufgrund dessen nicht ausgeführt werden.

3.1.1 Resilienz fördern

Resilienz bezeichnet die Anpassungsfähigkeiten eines Kindes in der Entwicklung. Durch Resilienzen wird die Verletzlichkeit gegenüber negativen Erfahrungen, Stress und psychischen Risiken gemindert. Resilienz entwickelt sich durch das Zusammenkommen mehrerer Punkte. Einerseits die persönlichen Eigenschaften des Kindes, wie Intelligenz, Entwicklungsfreude und Neugierde und andererseits durch das Umfeld des Kindes, wie unterstützende

Personen und sichere Lebensbedingungen. Dazu kommen positive Erfahrungen mit dem Umgang von Krisen. Resilienz bedeutet, dass sich das Kind trotz vorhandener Risikofaktoren positiv entwickeln kann. (vgl. Bender, Loesel, 2015, o.S. zitiert nach Herrmann et al, 2016: S. 231) Die Menschen schweben, nach dem salutogenetischen Modell[2], zwischen dem Zustand der Gesundheit und der Krankheit, wohingegen es in der dem pathologischen Ansatz nur den Zustand der Gesundheit oder der Krankheit gibt. Nach der Salutogenese ist der Mensch jeden Tag Stressoren und Risikofaktoren ausgesetzt und findet durch Resilienz (Widerstandsfähigkeit) einen Weg mit den alltäglichen Risikofaktoren umzugehen. Der Kohärenzsinn ist ein Zentraler Bereich von Antonovsky. Er drückt aus, wie der Mensch ein anhaltendes Gefühl von Vertrauen hat und ist zentral für die Frage, wie der Mensch sich gesund fühlen kann. Nach Antonovsky hat **Kohärenz** drei Aspekte:

1. Verstehbarkeit, die Fähigkeit, die Zusammenhänge des Lebens zu verstehen und, dass negative Reize vorhersehbar und erklärbar sind.
2. Handhabbarkeit, das Wissen, das eigene Leben selbst gestalten zu können und die Fähigkeiten zu haben, den Risikofaktoren entgegenstehen zu können.
3. Der letzte Aspekt ist die Sinnhaftigkeit beziehungsweise die Bedeutsamkeit, der Glaube an den **Sinn des Lebens** und das sich die Anstrengungen, gegen die Risikofaktoren anzugehen, lohnen. (vgl. Antonovsky, 1997: S. 36, zitiert nach Gragert, Seckinger, 2007: S. 120,121)

Die Entwicklungspsychologie wiederum spricht von einer positiven Entwicklung, wenn eine positive Fremd- und Selbsteinschätzung gegeben ist, das Kind Entwicklungsaufgaben bewältigen kann und keine krankhafte Veränderung des Verhaltens besteht. (vgl. Masten, Reed, 2002 zitiert nach Gragert, Seckinger, 2007: S. 122) Die Entwicklungspsychologie beschränkt sich jedoch auf die externen Faktoren, wie Schulbildung und äußere Einflussfaktoren. Hier besteht die Gefahr, dass Kinder mit psychischen Auffälligkeiten als

---

[2] Die Salutogenese ist ein Modell von Aaron Antonovsky (*1923 †1994).
Aaron Antonovsky war ein israelisch-amerikanischer Professor der Soziologie.

Gesund eingestuft werden, zudem ist unklar wann Entwicklungsaufgaben angemessen bewältigt wurden. (vgl. Gragert, Seckinger, 2007: S.122)

Der Bereich der Resilienzforschung hat in den letzten Jahren vor allem in der Präventionsarbeit der Kinder- und Jugendhilfe Anklang gefunden, da die Hoffnung damit einhergeht, die Kinder und Jugendlichen vor zukünftigen misslichen Lebenssituationen zu „immunisieren". Von diesem Blickpunkt wurde Abstand genommen und darauf hingearbeitet, dass durch die Resilienzförderung Kindern und Jugendlichen in prekären Lebenslagen geholfen werden kann (vgl. Wieland, 2018: S. 1549, 1550)

Die Schutzfaktoren werden in interne (Merkmale und Eigenschaften des Menschen selbst) und externe (Faktoren die von außen auf den Menschen einwirken) Ressourcen unterteilt. Die internen Ressourcen werden in kindbezogene und personale Faktoren gegliedert. Die kindbezogenen Faktoren sind angeborene und unveränderliche Eigenschaften, wie das weibliche Geschlecht, die Nationalität und die Intelligenz. Diese Eigenschaften können durch Fachkräfte nicht beeinflusst oder gefördert werden, weswegen sie nicht weiter ausgeführt werden. Die externen Ressourcen werden unterteilt in familiäre, soziale und gesellschaftliche Faktoren. Die personalen Faktoren sind Eigenschaften der Kinder und Jugendlichen, auf die sie zurückgreifen können. Hierfür muss das Umfeld das Aneignen dieser Eigenschaften zulassen. Zu den personalen Fähigkeiten gehören zum Beispiel Selbstwertgefühl, Selbstvertrauen, Kohärenzsinn, optimistische Lebenseinstellung, Humor und Kontrollüberzeugung. Diese Eigenschaften erlernt der Heranwachsende durch das Feedback von Bezugspersonen und durch eine sichere Bindung zu dieser. Das Bestärken und der Gesichtsausdruck bei Gesprächen ist hierbei wichtig. (vgl. Gargert, Seckinger, 2007: S. 123,124)

In wissenschaftlichen Arbeiten über die Bindungstheorie und die Resilienzförderung wird oft über die Eltern als Bezugsperson gesprochen. Bezugspersonen können jedoch ebenfalls die Peergroup[3] oder die Betreuer in der

---

[3] Als Peergroup wird eine Gruppe von Kindern und Jugendlichen bezeichnet, mit gleichen Interessen und ähnlichem Alter. Diese Gruppe tritt als primäre soziale Bezugsgruppe neben das Elternhaus.

stationären Kinder- und Jugendhilfe sein. Hier ist es ebenfalls wichtig, eine stabile und vertrauensvolle Bindung zu den Heranwachsenden zu haben. Durch bestärkendes Verhalten, Freundlichkeit und Rückhalt kann die Resilienz gestärkt werden. (vgl. Wieland, 2018: S. 1556,1557)

Die Problematik bei der Resilienzförderung in der Heimerziehung besteht darin, dass die zu fördernden Menschen meist eine negative Vergangenheit haben und deren bisheriges Leben von Verlassenwerden und Konflikten geprägt wurde. Dort ist die Resilienzförderung, gerade durch Fremderziehung, komplizierter und stellt eine Herausforderung dar. Hier wird das Konzept wichtig, da dieser Ansatz dort verankert sein sollte. (vgl. Gragert, Seckinger, 2007: S. 133,134)

Die Jugendlichen und Kinder sollten Gesprächsmöglichkeiten in normalen Settings mit den Betreuern haben und sich gebraucht fühlen. Des Weiteren kann die Bildung von Resilienz bei Kindern und Jugendlichen in der stationären Erziehungshilfe gefördert werden, indem sie dabei unterstützt werden, ihre Ressourcen auszubauen , sie genügend Zuwendung erfahren, ihnen Verantwortung übertragen wird, trotz der Möglichkeit, dass sie Fehler machen, sensibel auf die Bedürfnisse eingegangen wird und ein allgemein wahrhaftiges Interesse an den Kindern und Jugendlichen und ihren Interessen und Bedürfnissen besteht. Dieses Interesse müssen sie spüren. (vgl. Gragert, Seckinger, 2007: S. 133,134)

3.1.2 Offener Umgang mit dem Thema Sexualität und Gewalt

Die Hauptarbeit besteht darin, die Angst vor dem Tabuthema zu nehmen und Sexualaufklärung zu betreiben. Primärprävention wurde lange Zeit durch Angsterzeugung betrieben. Den Kindern und Jugendlichen wurde die Angst vor dem fremden Mann vermittelt, um sexuelle Misshandlung zu verhindern. Nach dem heutigen Forschungsstand ist dieser Ansatz nicht zielführend. Die meisten Übergriffe erfolgen durch Menschen, die in dem Umfeld des Opfers leben. (vgl. Koch, Kruck, 2000: S. 35)

Das Thema Sexualität ist häufig ein Tabuthema, gerade zwischen jüngeren und älteren Menschen. Die Kinder und Jugendlichen bilden oftmals eine eigene Ausdrucksweise in diesem Bereich. Gerade in Institutionen der stationären Heimerziehung ist diese Sprache zwischen den Gleichaltrigen stark ausgeprägt, da sie mehr Zeit als üblich in der Peergroup verbringen und oftmals ein ähnliches Herkunftsmilieu haben. Den Fachkräften ist diese Sprache fremd. Dennoch sollten sie sich auf die Sprache der Kinder und Jugendlichen einlassen, sich mit ihnen über Sexualität unterhalten und die Sprache akzeptieren. Durch das Gespräch und das Verwenden von alternativen Worten kann positiv auf die Ausdrucksweise und das Denken der Kinder und Jugendlichen eingewirkt werden. Die Fachkräfte sollten zudem keine sterile Sprache, mit gehäufter Anwendung von Fachausdrücken verwenden, da Kinder und Jugendliche davon abgeschreckt und irritiert werden könnten und es für die Kommunikation zwischen den Erwachsenen und den Kindern und Jugendlichen nicht förderlich ist. (vgl. Günder, 2011: S. 322, 323)

Die Kinder und Jugendlichen sollten zu den Fachkräften ein Vertrauensverhältnis haben, sodass sie offen mit ihnen über Liebe und Sexualität reden können. Sie müssen bei den Fachkräften auf Akzeptanz und Hilfe stoßen und eine offene und vertrauensvolle Atmosphäre wahrnehmen, was für die Umsetzung von Gruppengesprächen und anderen Methoden zur Prävention ebenfalls bedeutsam ist. Die verschiedenen Methoden in der Heimerziehung können individuell eingesetzt werden, je nachdem, wie die Kinder und Jugendlichen zueinander stehen, wie sie miteinander umgehen und welches Thema der Sexualität gerade präsent ist. (vgl. Tuider, Müller, Timmermanns, Bruns-Bachmann, Koppermann, 2012: S. 26,27)

Es bestehen sieben Punkte zur präventiven Erziehung, durch deren Vermittlung den Jugendlichen die Angst vor dem Thema genommen werden kann. Die Fachkräfte müssen diese Ansätze nicht nur Ansprechen, sondern zudem vorleben, damit die Kinder und Jugendlichen sich ein Beispiel nehmen können.

1. Die Selbstbestimmung über den eigenen Körper. Hiermit soll den Kindern und Jugendlichen vermittelt werden, dass sie das Recht haben zu bestimmen wer sie wo, wann und wie anfasst. Dies stärkt das Körpergefühl und das Selbstbewusstsein des Kindes.

2. Das Vertrauen auf die eigenen Gefühle. Die Kinder und Jugendlichen sollen wissen, dass sie auf ihre Intuition und ihre Gefühle vertrauen können. Haben sie in gewissen Situationen unangenehme Gefühle, dürfen sie diese Situation beenden. Kinder und Jugendliche, die ihre Gefühle bewusst wahrnehmen, machen dem Täter eine Manipulation komplizierter.

3. Die Unterscheidung zwischen angenehmen und unangenehmen Berührungen. Den Kindern und Jugendlichen muss bewusst gemacht werden, dass es Berührungen gibt, die sich angenehm anfühlen und solche, die unangenehm sind oder sogar weh tun. Die Grenzen der Betroffenen werden hier mehrfach überschritten. Kinder und Jugendliche, die diese Grenzen kennen und verteidigen, können sich besser vor Übergriffen schützen. Die Sexualaufklärung bietet den Kindern und Jugendlichen ein Sprachrohr und zeigt ihnen auf, wie sie über bestimmte Handlungen reden können und dass sie das Recht auf ein Gespräch haben. (vgl. Huser, Leuzinger, 2011: S. 61,62)

4. Das Recht Nein sagen zu können. Die Fachkräfte können mit den Kindern und Jugendlichen das Nein sagen üben. Den Kindern und Jugendlichen muss vermittelt werden, dass es, bezogen auf ihre Körper und ihre Privatsphäre, von Bedeutung ist Nein sagen zu können. Dies stellt für manche Kinder und Jugendlichen ein Problem dar.

5. Der Umgang mit Geheimnissen. Den Kindern und Jugendlichen sollte der Unterschied zwischen positiven Geheimnissen unter Freunden und Erpressung und Bestechung erläutert werden. Sie sollen wissen, dass diese Art von Geheimnissen, die ihrer Einschüchterung dienen sollen, ohne schlechtes Gewissen weitergesagt werden können.

6. Das Reden über Probleme und die Suche nach Hilfe. Den Kindern und Jugendlichen sollte bewusst gemacht werden, dass sie mit Vertrauenspersonen über Probleme oder ihnen unangenehme Situationen reden können und ihnen geholfen wird. Hier kann eine Liste mit Personen erstellt werden, denen das Kind oder der Jugendliche vertraut und die ihnen helfen können.

7. Die Erkenntnis, dass es nicht die eigene Schuld ist. Im Falle einer unangenehmen Situation, müssen die potentiellen Opfern darauf sensibilisiert werden, dass sie nie schuld an dieser sind. Dies wird von den Tätern oftmals suggeriert. (vgl. Heuser, Leuzinger, 2011: S. 62,63)

3.1.3 Täterstrategien aufzeigen

Den Kindern und Jugendlichen sollten die Verhaltensweisen der Täter aufgezeigt werden, damit sie Situationen und Personen differenzierter betrachten und somit eine Gefahrensituation besser einschätzen können.

Täter wägen nach der Rational-Choice Theorie zunächst die „Kosten" gegen den „Nutzen" ab. Den Nutzen stellt der für den Täter erhoffte persönliche Vorteil aus der Tat, wie sexuelle Befriedigung, Macht, Rache etc., dar. Mit Kosten ist beispielsweise das Risiko, entdeckt zu werden gemeint. Die Kosten sollen nach Möglichkeit so minimal wie möglich gehalten werden und der Nutzen so hoch wie möglich. (vgl. Leclerc, Proulx, Lussier, Allaire, 2009 zitiert nach, Kuhle, Grundmann, Beier 2015: S. 119)

Um das Opfer in den Missbrauch miteinzubeziehen und die Kooperation des Opfers zu steigern, verwendet der Täter, je nach Motivation, unterschiedliche Strategien. Zunächst versucht er, ein Vertrauensverhältnis zu dem Opfer aufzubauen. Er steigert seine Zuwendung, unternimmt Ausflüge und verbringt gehäufter Zeit mit dem Opfer. (vgl. Kuhle, et al 2015: S. 119) Der Täter bevorzugt das Opfer und bettet den Missbrauch in scheinbar unschuldige Spiele ein. Während diesen spielerischen Annäherungen verschwimmt die Grenze zwischen unangemessenen und angemessenen Berührungen und Verhalten, sodass die Zweifel der Opfer als Unwahrheiten abgetan werden und diese sich meist selbst nicht der Gefahr bewusst sind. Diese Verwirrung der Opfer und das Aufbauen und vertiefen von Vertrauen und Zuwendung wird als Groomingphase bezeichnet. (vgl. Bartels, 2011: S. 196,197) Diese Phase beinhaltet sechs Punkte: „Vertrauen gewinnen, Bevorzugung des Kindes, Isolierung des Kindes, Bewirken von Geheimhaltung, Schrittweise Grenzüberschreitung" (Bullen, 1995: S. 55ff zitiert nach Bartels, 2011: S. 197) Durch die Verwirrung des Opfers kann der Täter zu sexuellen Handlungen übergehen und diese verstärken. Der Täter schottet das Opfer von anderen Bezugspersonen sowie von den Eltern ab und macht es emotional Abhängig. Aus Angst oder Scham schweigt das Opfer. Zudem schürt der Täter oftmals Gerüchte, das Opfer würde oft lügen oder ab und zu die Wahrheit verdrehen. Gerade in der stationären Kinder- und Jugendhilfe haben die Kinder und Jugendlichen in ihrer Vergangenheit meist Erfahrungen mit vertrauensunwürdigen

Erwachsenen gemacht und sind aufgrund ihrer emotionalen Lage und ihrer missglückten Vergangenheit anfälliger dafür, Opfer von sexuellen Übergriffen zu werden. (vgl. Bartels, 2011: S. 197)

Abgesehen von dem Bereich der Zuneigung und des Vertrauens kann es sein, dass die Täter aggressiv werden und mit Drohungen und Gewalt arbeiten, um ihre Opfer zu beeinflussen. Sie betäuben ihre Opfer mit Drogen oder Alkohol oder wenden körperliche Gewalt und Drohungen an. Diese Strategie steht oftmals in Zusammenhang mit schweren sexuellen Übergriffen. (vgl. Leclerc, Tremblay, 2007 zitiert nach Kuhle et al, 2015: S. 119, 120)

Im Bereich der Prävention sollte auf die Vielfalt der Täterstrategien abgezielt werden und die potentiellen Opfer darüber aufgeklärt werden. Das Stärken der Kinder und Jugendlichen und die anderen in diesem Kapitel genannten Präventionsmaßnahmen koalieren miteinander und sollten alle angewandt werden. (vgl. Heiliger, 2001: S. 80-82)

3.2 Unterstützung der Fachkräfte

Dieses Unterkapitel der Prävention befasst sich mit den Unterstützungsmaßnahmen und Präventionsmöglichkeiten für die Fachkräfte einer stationären Hilfeeinrichtung. Es werden zunächst die rechtlichen Grundlagen beschrieben, an denen sich eine Fachkraft orientieren kann. Es wird zudem auf externe Institutionen und Fortbildungsmöglichkeiten eingegangen. Das letzte Unterkapitel befasst sich mit den Signalen und Merkmalen bei sexueller Gewalt und Missbrauch. Dort wird erläutert, wie die Fachkräfte ein Opfer von sexueller Gewalt erkennen können, um dann angemessen zu Handeln.

3.2.1 rechtliche Grundlagen, externe Institutionen und Fortbildungen

Die Fachkräfte können sich an den gesetzlichen Vorgaben des StGB orientieren. Dort ist festgelegt, welches Verhalten rechtswidrig ist. Wie bereits in Kapitel eins erwähnt, wird im § 176 StGB der sexuelle Missbrauch an Kindern definiert. Im § 182 StGB wird der sexuelle Missbrauch an Jugendlichen beschrieben. § 176a StGB erläutert den schweren sexuellen Missbrauch von Kindern. Des Weiteren ist im StGB folgendes festgelegt: § 174 StGB Sexueller Missbrauch von Schutzbefohlenen, § 177 StGB Sexuelle Nötigung,

Vergewaltigung § 180 StGB Förderung sexueller Handlungen Minderjähriger, § 182 StGB Sexueller Missbrauch von Jugendlichen und § 184 StGB Verbreitung pornographischer Schriften. Diese Paragraphen sollten Fachkräfte der Kinder- und Jugendhilfe kennen.

Weitere Informationen und Leitlinien für Fachkräfte im Bereich sexuelle Gewalt ergeben sich aus den Präventionskriterien des hessischen Sozialministeriums, dem Aktionsplan des Landes Hessen zum Schutz von Kindern und Jugendlichen vor sexueller Gewalt in Institutionen und den Handlungsleitlinien zur Prävention und Intervention von der Bundesarbeitsgemeinschaft der Landesjugendämter.

Dort ist unter anderem die Kooperation mit externen Beratungsstellen gewünscht. Die Leitung, sowie das Fachpersonal müssen Kenntnis darüber haben und mit den Fachstellen kooperieren. (vgl. Hessisches Sozialministerium, 2013: S. 21)

Die Zusammenarbeit mit externen Institutionen ist, wie schon erwähnt, notwendig und hilfreich für die Betroffen und die Fachkräfte. Alle Personen, die mit dem Betroffenen arbeiten, sollten sich vernetzen. Dazu zählen Schulen, Kliniken, Ärzte, Kindergärten, Jugendämter, Polizei und die Mitarbeiter der Kinder- und Jugendhilfe. (vgl. Wildwasser e.V. Wiesbaden, 2011, S. 33)

Der Fortbildungsbereich trägt zudem zur Prävention bei. Präventionsmaßnahmen gelten nicht lediglich für potentielle Opfer, sondern müssen schon bei den Erwachsenen angesetzt werden. Fortbildungen, Supervisionen und das Verdeutlichen der Haltung der Einrichtung in Bezug auf Übergriffe und die darauffolgenden Sanktionen schon im Bewerbungsverfahren sind Präventionsmaßnahmen. (vgl. Hessisches Ministerium der Justiz, für Integration und Europa et al, 2012: S. 9) Fortbildungen für Fachkräfte für den Bereich sexuelle Gewalt in Institutionen bietet das hessische Sozialministerium Fortbildungen an. (vgl. Hessisches Sozialministerium, 2013: S. 2) Weitere Fortbildungsangebote finden bei Wildwasser e. V. statt. Der Verein Wildwasser in Wiesbaden bietet aktuell unter anderem Fortbildungen im Bereich Traumapädagogik, sexuelle Gewalt durch Mitarbeiter, Kindeswohlgefährdung durch sexuelle Gewalt und Stellen einer Strafanzeige an. (vgl. Wildwasser e.V. Wiesbaden, 2010-2014: o.S.)

3.2.2 Signale und Merkmale von sexueller Gewalt und Missbrauch

Fachkräfte sollten die Anzeichen von sexueller Gewalt und Missbrauch kennen, um auf diese reagieren zu können.

Jedes Opfer sendet Signale aus, an denen erkannt werden kann, dass mit dem Betroffenen etwas nicht in Ordnung ist. Diese Merkmale und Signale sind individuell und abhängig von verschiedenen Kriterien, wie zum Beispiel von der individuellen Lebenssituation des Opfers, der Intensität und Art der Übergriffe, der Beziehung zum Täter, dem Alter und Geschlecht des Opfers und der Resilienz und psychischen Stärke des Opfers. Somit ist es problematisch, eindeutige Signale und Merkmale von sexueller Gewalt zu definieren. Bei jeder unerklärlichen Verhaltensänderung eines Kindes oder eines Jugendlichen sollte sexuelle Gewalt als Grund nicht ausgeschlossen werden. Bei schwerer sexueller Kindesmisshandlung sind, sobald in das Kind eingedrungen wird, häufig körperliche Symptome zu beobachten. Bei sexueller Ausbeutung sind in den seltensten Fällen körperliche Veränderungen sichtbar. (vgl. Huser, Leuzinger, 2011: S. 19)

Verhaltensänderungen korrelieren nicht zwangsläufig mit einer sexuellen Misshandlung des Kindes oder des Jugendlichen, jedoch sollte diese Möglichkeit nicht ausgeschlossen werden. Folgende Verhaltensänderungen wurden in Zusammenhang von sexueller Gewalt und Missbrauch beobachtet und sind mögliche Signale: (vgl. Herrmann et al, 2016: S. 147)

„Altersunangemessenes, sexualisiertes Verhalten, Vorfälle mit sexueller Nötigung anderer, v. a. jüngerer Kinder, Rückzugsverhalten, geringes Selbstwertgefühl, Berichte von Albträumen, Phobien, Regression und Depressionen, Essstörungen, posttraumatische Belastungsstörungen, soziale Adaptations- oder Interaktionsstörungen, Aggressionen gegen andere oder sich selbst (selbstverletzendes Verhalten), Suizidversuche, delinquentes Verhalten, Schulschwierigkeiten, Drogenmissbrauch, Weglaufen von Zuhause, Prostitution" (Herrmann et al, 2016: S. 147) Weitere Anzeichen, die auf eine mögliche sexuelle Misshandlung hinweisen, sind eine eingeschränkte Orientierung und Hilfslosigkeit , Flashbacks, Probleme in der Partnerschaft oder in zwischenmenschlichen Beziehungen, Ratlosigkeit, Schuldgefühle und Scham bzw. Angst vor Berührungen . (vgl. Bergmann, 2012: S. 254)

Obwohl Opfer selten körperliche Merkmale aufweisen, sollten diese trotzdem mit in Betracht gezogen und regelmäßig kontrolliert werden. Körperliche Symptome können blaue Flecken, Bissspuren oder Striemen zwischen Beinen, Hals oder Genitalbereich, sowie Bauschmerzen oder Unterleibsschmerzen, analer und genitaler Juckreiz sein. Geschlechtskrankheiten und frühe Schwangerschaften sind nicht unüblich. (vgl. Huser, Leuzinger, 2011: S. 19)

Psychosomatische Folgen sind ebenfalls nicht unüblich. Mit der Simulation von Bauchschmerzen, Kopfschmerzen oder anderen Krankheitssymptomen schützen sich die Betroffenen, da eine Bezugsperson gegebenenfalls vor Ort bleibt und der Kontakt zu dem Täter verringert wird. Zudem findet eventuell bei Krankheit des Opfers kein Übergriff durch den Täter statt. Es sollte darauf geachtet werden, ob ein Kind oder Jugendlicher vermehrt krank ist. (vgl. ebd.: S. 20)

> „Eine indirekte Diagnose des Missbrauchs ist in der Regel nicht möglich! Zielführend im Sinne eines Nachweises des Missbrauchs bleibt in der Regel allein das Gespräch mit dem Kind bzw. Jugendlichen, um dessen Aussage zu erhalten." (Goldbeck, 2015: S. 146)

Den Fachkräften muss bewusst sein, dass all diese Signale, Merkmale und Symptome auf eine sexuelle Misshandlung hinweisen können. Andere Ursachen dürfen jedoch nicht ausgeschlossen werden, da die Merkmale nicht klar definierbar sind. (vgl. Herrmann et al, 2016: S. 147)

3.3 Chancen und Herausforderungen der Prävention in der Heimerziehung

Prävention gegen sexuellen Missbrauch zielt darauf ab, die Übergriffe zu verhindern. Hier beginnt die Herausforderung, da es nicht möglich ist, durch Präventionsmaßnahmen alle Übergriffe zu vermeiden. Der Grund hierfür ist, dass sexueller Missbrauch ein Verhalten und eine Verfahrensweise der Täter ist und nicht alle potentiellen Täter bekannt sind. Es sind zudem nicht alle potentiellen Opfer bekannt. (vgl. Damrow, 2006: S. 58) Die Unterscheidung zwischen sexuellen Übergriffen und angemessener sexueller Entwicklung ist anspruchsvoll, vor allem wenn ein Verdacht auf Missbrauch bei

Gleichaltrigen besteht. (vgl. Huser, Leuzinger, 2011: S. 7) In der Wissenschaft wird zur Abgrenzung eine Fünf-Jahres-Spanne bei sexuellen Übergriffen verwendet, jedoch betrachten einige Forscher diese Spanne als kritisch, da die Übergriffe von Gleichaltrigen nicht berücksichtigt werden. (vgl. Bange, 2014: S. 22)

Bedeutsam für die Fachkräfte ist es hier, dass sexuelle Gewalt dann vorliegt, wenn einer der Parteien mit der Handlung nicht einverstanden war und somit zu dieser gezwungen wurde. Dies stellt in jedem Fall einen Akt der Gewalt dar. (vgl. Harnach, 2011: S. 117,118)

Weitere Herausforderungen bilden die oftmals schwierigen Familienverhältnisse der Kinder und Jugendlichen. In die stationäre Kinder- und Jugendhilfe kommen Kinder und Jugendliche, die alle aufgrund individueller problematischer Familiensituationen in die stationäre Familienhilfe aufgenommen werden. Bei diesen Menschengruppen ist die Prävention besonders wichtig, da unausgeglichene Kinder und Jugendliche und solche, die nicht über genügend Resilienz verfügen, leichtere Opfer darstellen. Dennoch stellt das Fördern und Aufbauen dieser Resilienz die Fachkräfte vor eine Herausforderung. Die Resilienzförderung bietet jedoch zudem die Chance, dass die Kinder und Jugendlichen ein neues Selbstwert- und Körpergefühl erlangen. (vgl. Gragert, Seckinger, 2007: S. 132-134) Durch ihre Erfahrungen mit vertrauensunwürdigen Erwachsenen und ihre destruktive Vergangenheit sind die Kinder und Jugendlichen anfälliger dafür, Opfer von Übergriffen zu werden. (vgl. Bartels, 2011: S. 197)

Nutzer der stationären Kinder und Jugendhilfe bilden oftmals in prekären Bereichen eine eigene Ausdrucksweise und Sprache, wozu unteranderem der Bereich der Sexualität zählt. Dies ist bei den Bewohnern einer stationären Einrichtung enorm ausgeprägt, da sie mehr Zeit als andere Kinder und Jugendliche in ihrer Peergroup verbringen. Meist ist die Sprache vulgär und brutal, was viele Fachkräfte vor eine Herausforderung stellt. Sie können dieser Problematik entgegenwirken, indem sie die Sprache der Jugendlichen akzeptieren, offen über Sexualität reden und den Jugendlichen ggfls. Alternativausdrücke bieten. Die Ausdrücke, die die Fachkräfte verwenden, werden gegebenenfalls von den Jugendlichen übernommen. Somit wird positiv auf den Umgang mit Sexualität gewirkt. (vgl. Günder, 2011: S. 322, 323)

Die wichtigste Chance der Prävention gegen sexuellen Missbrauch in der Heimerziehung bildet das Verhindern von Übergriffen und das Stärken der Kinder und Jugendlichen. Durch die Präventionsmaßnahmen - vor allem durch das Fördern der Resilienz - werden nicht nur sexuelle Übergriffe unwahrscheinlicher, sondern das Kind oder der Jugendliche wird als Mensch gestärkt und emotional gefestigt. Durch positive Erfahrungen mit dem Umgang von Krisen und der Unterstützung der Bezugspersonen kann sich das Kind, trotz vorhandener Risikofaktoren, positiv entwickeln. Das Wohl des Kindes oder des Jugendlichen steht an erster Stelle. (vgl. Bender, Loesel, 2015, o.S. zitiert nach Herrmann et al, 2016: S. 230,231)

4 Intervention

Prävention schützt Kinder und Jugendliche nicht vollends vor Übergriffen. Meist ziehen die Übergriffe schwerwiegende traumatische Folgen mit sich. Diese zu mindern ist die Aufgabe der Opferintervention. Ein weiteres Ziel der Opferintervention besteht darin, den Missbrauch schnellstmöglich zu erkennen und einen weiteren zu verhindern, sodass die Betroffenen bestenfalls kein bleibendes Trauma behalten und die Angehörigen optimal unterstützt werden können. (vgl. Kindler, Schmidt-Ndasi, 2011: S. 69) Gerade in der Heimerziehung ist die Täterintervention ein wichtiges Thema. Hier sollen zukünftige Übergriffe durch Diagnostiken und Therapien für übergriffige Kinder und Jugendliche verhindert werden. (vgl. Goldbeck, Allroggen, Münzer, Rassenhofer, Fegert, 2017: S. 21,22)

Keine Prävention kann ohne Intervention funktionieren und umgekehrt. Interventionsansätze sind im Bereich der Sekundärprävention verankert und Intervention für Opfer kann Prävention für potentielle Opfer und Erwachsene sein. Diese beiden Bereiche sind somit miteinander verknüpft. (vgl. Damrow, 2006: S. 199)

Die Grundlagen der Interventionsmaßnahmen sind unter anderem im BGB Artikel 1666 verankert. Dieser Artikel befasst sich mit der Gefährdung des Kindeswohls. Wird das körperliche, seelische oder geistige Wohl des Kindes durch die Sorgepflichtigen oder durch Dritte, ohne das Eingreifen der Sorgepflichtigen, gefährdet, hat das Familiengericht durch entsprechende Maßnahmen diese Gefahr abzuwenden. Hierbei ist es egal, ob die Gefährdung bewusst oder unbewusst geschieht. Diese Maßnahmen können aus Unterstützungsmöglichkeiten und Angeboten zur Familienhilfe durch die Kinder- und Jugendhilfe oder aus einem Aufenthalt im Betreuten Wohnen bestehen. In akuten Gefährdungsfällen darf das Familiengericht die Kinder temporär oder auf Dauer aus der Familie entfernen (s. BGB § 1666). Dafür nimmt das Jugendamt die Kinder in Obhut, bis das Familiengericht eine endgültige Entscheidung getroffen hat.

Den Schutzauftrag des Jugendamtes bei Kindeswohlgefährdung regelt § 8 a SGB VIII. Bei einer dringenden Kindeswohlgefahr, die keinen zeitlichen Aufschub duldet, nimmt das Jugendamt das Kind in Obhut, § 42 SGB VIII.

Meist wird davon ausgegangen, dass jeder sexuelle Übergriff enorme Spätfolgen mit sich zieht und ein Trauma bei den Betroffenen auslöst. Dies ist meist der Fall, jedoch kann nicht automatisch davon ausgegangen werden. Manche Opfer scheinen solch eine Erfahrung problemlos verarbeiten zu können, was an der Resilienz der Betroffenen liegt und als Ansatz für die primären und sekundären Präventionen genutzt werden kann. Diese wurden in Kapitel 3.2.1 erläutert. Somit kann die gleiche Erfahrung zu unterschiedlichen Bewältigungsgraden führen (Damrow, 2006: S. 199,200).

Diesen ganzen Vorgang anzukurbeln und die Dokumentation zu erstellen liegt in der Verantwortung der Betreuer in der Einrichtung. Das Erkennen der Situation und das optimale Eingreifen sind die Voraussetzungen für die Interventionsarbeit.

Das folgende Kapitel wird in Abschnitt 4.1 auf die Maßnahmen der Intervention in der Heimerziehung eingehen.

Hier wird zunächst die Haltung und das Verhalten der Fachkräfte bei Verdacht auf sexuellen Missbrauch erläutert. Anschließend wird auf die Aufarbeitung des Traumas und die Traumaarbeit eingegangen. Im letzten Unterkapitel von 4.1 wird der Bereich der Strafanzeige thematisiert. Im Kapitel 4.2 erläutert diese Arbeit die Kooperation mit externen Institutionen. Zunächst wird Wildwasser e. V. und im Anschluss Der Weisse Ring vorgestellt. Im letzten Unterkapitel werden die Chancen und Herausforderungen der Intervention in der Heimerziehung diskutiert.

4.1 Maßnahmen

Dieses Unterkapitel befasst sich mit den Interventionsmaßnahmen bei sexueller Gewalt und Missbrauch. Zunächst werden Informationen über die Haltung und das Verhalten bei einem Verdacht auf einen sexuellen Übergriff gegeben. Das zweite Unterkapitel befasst sich mit der Aufarbeitung, den Therapiemöglichkeiten und der Traumaarbeit bei Opfern von sexueller Gewalt und Missbrauch. Hier wird sich hauptsächlich auf die Möglichkeiten der Fachkräfte in den Institutionen der Familienhilfe bezogen. Das letzte Unterkapitel erläutert den Vorgang der Strafanzeige und befasst sich mit der optimalen Gesprächsführung bei den Opfern.

4.1.1 Haltung und Verhalten bei Verdacht

Bei Verdacht auf sexuellen Missbrauch sollte in einer Einrichtung der stationären Kinder- und Jugendhilfe eine ISEF aus einer Beratungsstelle (beispielsweise Wildwasser) herangezogen werden, um die Situation zu bewerten. Das Jugendamt und die Heimleitung sollten ebenfalls informiert werden. Die Eltern sollten zum Schutz des Opfers nicht sofort informiert werden, sondern erst nach Absprache mit anderen Fachkräften, wenn der Schutz des Opfers gewährleistet werden kann. Der Täter befindet sich oftmals im sozialen Nahfeld des Kindes oder des Jugendlichen oder in der Familie, weswegen die Eltern nicht umgehend informiert werden sollten. (vgl. Enders, 2015: S. 158)

Nach Frau Behnen von Wildwasser e.V. Gießen, sei es wichtig, dass offen mit dem Kind geredet werde und das Thema Sexualität kein Tabu sei. Öffnet sich das Kind und äußert eine unangenehme Situation oder einen Missbrauchsvorfall, sollte die Fachkraft Ruhe bewahren und Souveränität ausstrahlen, damit das Kind oder der Jugendliche nicht verängstigt wird. (vgl. Anhang I, Vortrag Wildwasser und K12, S: 4)

Die Fachkraft sollte nicht überreagieren und möglichst gelassen wirken. Dem Kind oder Jugendlichen sollte verdeutlicht werden, dass es richtig war, darüber zu sprechen. (vgl. Anhang I, Vortrag Wildwasser und K12, S: 4)

Die Fachkraft sollte sich als vertrauenswürdig erweisen. Sonst kommt es nicht dazu, dass sich die Jungen oder Mädchen den Fachkräften anvertrauen. Opfer haben viele Ängste, weswegen sie nicht über die Tat reden. Beispielsweise haben sie Angst, dass sich die Freunde und die Familie abwenden, ihnen nicht geglaubt wird, der Täter die Drohungen, die er gegebenenfalls ausgesprochen hat, wahr macht, dass einer aus der Familie oder das Opfer selbst ins Gefängnis muss oder sie schämen sich. Deshalb überlegen Opfer zuvor genau, welchen Menschen sie die Tat anvertrauen können. Die Fachkraft sollte über Sexualität und Missbrauch offen sprechen können, häufig und gerne lachen, aufgeschlossen sein, das Opfer nicht verurteilen, nicht eingeschüchtert oder verunsichert wirken, wissen wo es passende Anlaufstellen gibt, die Täterstrategien kennen, sachlich bleiben und das Misstrauen des Opfers akzeptieren. (vgl. Enders, 2015: S. 159)

Gerade weil das Kind oder der Jugendliche diese Phase durchschreiten, in der sie abwägen, ob sie es der Bezugsperson anvertrauen können oder nicht, ist es als Fachkraft wichtig, schon bei einem vagen Verdacht mit der Leitung darüber zu sprechen. Die Opfer äußern indirekte Signale, woraufhin der Fachkraft die Vermutung kommen sollte, dass ein sexueller Übergriff stattgefunden haben könnte. Die Fachkraft sollte hier nicht zögern, sondern den Verdacht äußern. Daraufhin sollte mit multiprofessionellen Fachkräften zusammengearbeitet werden, da es nicht möglich ist, als einzelne Fachkraft die Aufdeckung, den Schutz und die optimale Therapie des Opfers zu gewährleisten. In jeder Phase sollte multiprofessionell zusammengearbeitet werden. (vgl. Gründer, Kleiner, Nagel, 2008: S. 21,22)

Die Fachkraft sollte professionelle Distanz wahren, damit sie selbst nicht in eine Ohnmacht verfällt oder Ängste und Unsicherheiten schürt. Deswegen ist die Zusammenarbeit mit anderen Fachkräften wichtig. Die Fachkraft sollte dem Opfer Zeit lassen, da die Vorgänge sich nach dem Aufkommen des Verdachtes nicht überschlagen sollten. Die Fachkraft, sowie das Opfer brauchen Zeit, um sich zu ordnen. (vgl. Enders, 2015: S. 159.161)

Notwendig sind zudem die genauen Dokumentationen. Die Fakten sollten abgeklärt werden und es sollte dokumentiert werden, woher der Verdacht kam und was es in der letzten Zeit für Anzeichen und Vorfälle in der Familie und der Peergroup gab. Alle Beobachtungen und Auffälligkeiten sollten dokumentiert werden. Dem Kind oder Jugendlichen sollte zunächst in jedem Fall Glauben geschenkt werden, trotzdem müssen Alternativhypothesen geprüft werden. (vgl. Bange, 2015: S. 204)

Auf die Gesprächsführung mit dem Opfer wird im Kapitel 4.1.3 Strafanzeige eingegangen, da diese den Erfolg der Strafanzeige beeinflussen kann.

4.1.2 Aufarbeitung, Therapiemöglichkeiten und Traumaarbeit

Ist die Tatsache eines sexuellen Übergriffes bestätigt, besteht die Aufgabe der Intervention in einer therapeutischen Evaluation. Dort sollen Details über die Tat, den Täter und die Verhaltensweisen aufgeschrieben werden. Zudem sollen Fragen über den Zustand des Opfers, des Täters, über die genaue Missbrauchssituation und inwieweit die Familie unterstützend handelt, gestellt werden. Auf Basis dieser Evaluation können die bestmöglichen Methoden folgen. (vgl. Damrow, 2006: S. 202)

Die Methoden müssen dem Trauma angepasst werden. Die häufigsten psychischen Folgen eines sexuellen Missbrauchs sind die posttraumatische Belastungsstörung und das Beziehungstrauma. Trauma bedeutet Verletzung oder Wunde. In diesen Fällen handelt es sich um psychische Traumata. Die Folgen dieses Traumas sind Angstzustände, Hilflosigkeit, Kontrollverlust und das Gefühl, ausgeliefert zu sein. Das Anhalten dieser Gefühle und Zustände beschreibt die posttraumatische Belastungsstörung. Bei einem Beziehungstrauma fühlen sich die Betroffenen für andere Menschen unbedeutend und können keiner Person vertrauen. Sie fühlen sich unsicher und sind aufgrund ihrer traumatischen Erfahrung nicht in der Lage, intakte Beziehungen zu anderen Menschen zu hegen. (vgl. Stermoljan, Fegert, 2015: S. 253-254)

Die Methoden für die Intervention sind unterschiedlich und individuell auf das Kind und die Art des Missbrauches anzupassen. Eine individuelle Psychotherapie wird am häufigsten angewandt. Hier gibt es viele Ansätze, von Verhaltenstherapie über kognitive, interpersonale und eklektische Ansätze. Eine traditionelle psychoanalytische Therapie ist nicht empfehlenswert. Bei jüngeren Kinder wird gehäuft mit Spielen gearbeitet. Ältere Kinder benötigen eher eine Kombination aus Spieltherapie und direkter Interaktion. (vgl. Tyndall, 1997 zitiert nach Damrow, 2006: S. 203, 204)

Es sollten genügend Spielmöglichkeiten vorhanden sein, denn hiermit können Kinder Ängste, Wut und andere Gefühle ausdrücken. Zu der individuellen Psychotherapie sollte noch eine Gruppentherapie angewandt werden. Dort kann das Kind mit Anderen über sich und den Vorfall reden und merkt, dass es nicht alleine mit der Situation dasteht. (vgl. Tyndall, 1997 zitiert nach Damrow, 2006: S. 203, 204)

Die Beziehungserfahrungen der Betroffenen sollten korrigiert werden. Sie sollten Verlässlichkeit und Sicherheit erfahren. Die pädagogischen Fachkräfte müssen ihre Grenzen bei der Arbeit mit traumatisierten Kindern und Jugendlichen anerkennen und eng mit Ärzten und Therapeuten zusammenarbeiten. Die Fachkraft kann den Betroffenen zu einer Therapie ermutigen und eine sichere Struktur bieten. Durch Erfolgsmomente, eine klare Raum-

und Zeitstruktur und eine klare Sprache kann für das Kind oder den Jugendlichen ein Raum von Sicherheit und Struktur geschaffen werden. Notwendig ist es zudem, dass die Fachkräfte angemessen mit den anderen Bewohnern der Wohngruppe umgehen und das Thema, wenn das Opfer es wünscht, bei den anderen angesprochen wird. Der Umgang mit dem Trauma ist individuell anzupassen und von Mensch zu Mensch unterschiedlich. (vgl. Stermoljan, Fegert, 2015: S. 255-257)

4.1.3 Strafanzeige

Das Stellen einer Strafanzeige sollte vorher gründlich mit dem Opfer besprochen werden. Abhängig von Alter und Reife des Opfers und der Schwere der Tat sollte dessen Wunsch ernst genommen werden. Fachkräfte sollten sich, wie schon mehrfach erwähnt, notwendigerweise Unterstützung von anderen Fachkräften und Fachstellen einholen. Wildwasser e.V. verfügt beispielsweise über Kontakte zu Rechtsanwälten, die die Fachkräfte beraten können, wenn die Frage über die Stellung einer Strafanzeige aufkommt. (vgl. Burgsmüller, 2015: S. 228)

Fachkräfte sollten sich, wie erwähnt, bei Verdacht an die Leitung und das zuständige Jugendamt wenden. Das Jugendamt ist nicht dazu verpflichtet, Strafanzeige zu stellen. Es muss abgewogen werden, welche Vor- und Nachteile eine Strafanzeige für den Betroffenen hat, da für Kinder und Jugendliche das Verfahren einer Strafanzeige eine hohe psychische Belastung mit sich bringt. (vgl. Baldus, Utz, 2011: S. 256)

Nachteile können beispielsweise die Kritik an der Aussage des Betroffenen, die Dauer und Unannehmlichkeit des Verfahrens, die Kriterien an die Beweisbarkeit der Tat und der mögliche Freispruch des mutmaßlichen Täters sein. Dieser Freispruch könnte ein erneutes Trauma bei dem Betroffenen auslösen. (vgl. Sichau, 2011: S. 219)

Den Fachkräften sollte bewusst sein, dass durch das Legalitätsprinzip, das für die Staatsanwaltschaft in den §§ 152 Abs. 2, 160 Abs. 1 StPO und für die Polizei in § 163 Abs. 1 StoPO geregelt ist, die Staatsanwaltschaft und die Polizei zur Ermittlung verpflichtet, sobald der Verdacht einer Straftat besteht. Dieser

Vorgang ist im Nachhinein nicht rückgängig zu machen. (vgl. Burgsmüller, 2015: S. 228)

Haben sich die Fachkräfte und der Betroffene für eine Strafanzeige entschieden, sollte für den Betroffenen eine Prozessvorbereitung und eine Beratung durch externe Beratungsstellen, beziehungsweise psychologische Beratungsstellen, gewährleistet sein. Zudem sollte eine Nebenklagevertretung und Schadensersatzansprüche durch spezialisierte Rechtsanwälte gegeben sein. Das Zeugnisverweigerungsrecht sollte durch einen Ergänzungspfleger geprüft und der Betroffene von einer Fachkraft aus der Einrichtung begleitet werden. (vgl. Baldus, Utz, 2011: S. 256)

Kommt es zu einer Befragung des Opfers durch eine Fachkraft der Polizei, müssen bei minderjährigen Opfern zunächst die Eltern zustimmen. Ist der Tatverdächtige ein Elternteil oder Vormund, wird vom Familiengericht oder Vormundschaftsgericht ein Ergänzungspfleger bestimmt. Dieser Ergänzungspfleger kann das Kind ebenfalls für eine Befragung sperren lassen. (vgl. Burgsmüller, 2015: S. 235) Nach Frau Mergenthal (Kriminalhauptkommissarin K12, Gießen) sei es wichtig, dass die Kinder zeitnah befragt würden, damit die Informationen und Erinnerungen nicht zu weit zurück lägen. Wird ein Ergänzungspfleger benötigt, kann dessen Beantragung und Bestimmung vier bis sechs Wochen in Anspruch nehmen. Danach ist die Befragung komplizierter. (vgl. Anhang I, Vortrag Wildwasser und K12, 2018: S. 5)

Frau Mergenthal (Kriminalhauptkommissarin K12 Gießen) erläuterte, es sei wichtig, den Kindern und Jugendlichen keine Suggestivfragen zu stellen. Dies sind Fragen die eine Antwort beinhalten und dem Opfern die Antwort vorgeben. Fachkräfte sollten darauf achten, dass sie lediglich offene Fragen stellen und das Kind oder den Jugendlichen eigenständig erzählen lassen. (vgl. Anhang I, Vortrag Wildwasser und K12, 2018: S. 5,6)

Wissen sie nicht, wie sie das tun können oder sind sie mit der Situation überfordert, sollten die Fachkräfte gar nicht erst Nachfragen und die Befragung den Fachkräften der Polizei überlassen. Wurde eine Aussage einmal bei dem Opfer suggeriert, ist diese nicht mehr Rückgängig zu machen. Die Aussage des Opferzeugens kann dann möglicherweise vor Gericht nicht bestehen und der Fall könnte eingestellt werden. (vgl. Anhang I, Vortrag Wildwasser und K12, 2018: S. 5,6)

Notwendig ist die Dokumentation. Alle Aussagen, Ereignisse und Verletzungen sollten von der Fachkraft exakt dokumentiert und festgehalten werden. Eine ärztliche Untersuchung ist ratsam, wenn Verletzungen vorliegen. Diese Dokumentation ist für die ermittelnden Beamten hilfreich. (vgl. Baldus, Utze, 2011: S. 258)

Bei der Dokumentation sollte unterschieden werden zwischen dem, was das Kind tatsächlich sagt und der eigenen Einschätzung. Die Fachkraft sollte die Aussage des Betroffenen neutral entgegennehmen und ernst nehmen. Das Opfer sollte nicht durch Mimik, Gestik oder Laute beeinflusst werden. (vgl. Anhang I, Vortrag Wildwasser und K12, 2018: S. 6,7)

Dennoch ist zu bedenken: „Eine Strafanzeige ist in der Regel nicht der Weg, um gefährdete Kinder zu schützen. Eine Strafanzeige entbindet Helfer insofern nicht davon, Schutz- und Hilfsmaßnahmen für das betroffene Kind zu planen und umzusetzen." (Goldbeck et al, 2017: S. 32)

4.2 Kooperation mit externen Institutionen

Dieses Unterkapitel befasst sich mit der Vernetzung von stationären Hilfeeinrichtungen und externen Beratungsstellen. Es werden zwei Beratungsstellen – Wildwasser e.V. und Weisser Ring – präsentiert. Auf die Angebote und Projekte für Fachkräfte der stationären Hilfeeinrichtungen und Opfer wird ebenfalls eingegangen.

4.2.1 Wildwasser e.V.

Wildwasser ist ein eingetragener Verein, der in den 80er Jahren als Selbsthilfegruppe für Frauen und Mädchen gegründet wurde. (vgl. Anhang I, Vortrag Wildwasser und K12, 2018: S. 1)

Mittlerweile bietet Wildwasser ein Beratungsangebot für von sexueller Gewalt betroffene Kinder und Jugendliche, Angehörige, Vertrauens- und Unterstützungspersonen und für pädagogische, psychologische und medizinische Fachkräfte an. Der Verein berät Fachkräfte darin, wie sie mit Opfern von sexueller Gewalt umzugehen haben. Zudem bietet Wildwasser eine

Gefährdungseinschätzung von einer ISEF an. Diese Einschätzung erfolgt durch eine anonyme Fallbesprechung. Hier wird geklärt, ob eine Gefährdung besteht, wer miteinbezogen werden sollte und welche Schritte zur Aufklärung folgen sollten. (vgl. Wildwasser e.V., 2017: S. 11, 12)

Im Jahr 2017 hat Wildwasser e.V. Gießen 839 Beratungsgespräche geführt. Es wurden 181 Gefährdungseinschätzungen aufgestellt, von denen 27 Fälle dem Jugendamt gemeldet wurden. In 131 Fällen wurden eigenständige Methoden empfohlen und in 23 Fällen bestand keine Gefährdung. (vgl. ebd.: S. 14,15)

Den zweiten Bereich von Wildwasser bildet die Wildwasser–Akademie. Dort werden Fortbildungen in verschiedenen Themenbereichen und für unterschiedliche Zielgruppen angeboten. Unter anderem entwickelt Wildwasser Konzepte für Institutionen, zum Schutz vor Gewalt. Dieser Bereich wurde thematisiert, da 2010 gehäuft Übergriffe durch Mitarbeiter in Institutionen publik wurden. Wildwasser unterstützt Institutionen dabei, Regeln aufzustellen und Präventions- und Interventionspläne zu verfassen. (vgl. Wildwasser e.V., 2017: S. 13) Die Interventionspläne richten sich nach den fachlichen Standards in der Jugendhilfe. Die Fachkräfte haben somit einen Plan, wie sie sich im Fall eines Übergriffes Verhalten sollten, welche Kontaktkette eingehalten werden muss und wann eigenständig gehandelt werden sollte. Diese Pläne erstellt Wildwasser e.V. Gießen nicht eigenständig, sondern hält Rücksprache mit anderen externen Institutionen. Im Kreis Gießen trifft sich regelmäßig der Arbeitskreis „Keine Gewalt gegen Kinder". Dort vertreten sind Fachkräfte aus den Jugendämtern, der Polizei, der Gerichte, der Staatsanwaltschaft, der Rechtsmedizin, der Beratungsstellen, der Gesundheitsämter und der Kinderklinik. In Kooperation mit diesen externen Institutionen wurden die Interventionspläne erstellt. (vgl. Wildwasser e.V., 2015: S. 18)

Im Anhang II wurden Interventionspläne angefügt, die mit Hilfe von Wildwasser e.V. Gießen erstellt wurden. Die angehängten Pläne entstammen den Kinder- und Jugendhäusern Lollar. Dort wird die Reihenfolge bei Verdacht eines Übergriffes festgelegt. Die Interventionspläne sind unterteilt in Übergriffe zwischen zwei Kindern, Übergriffe zwischen Kind und einer externen Person und Übergriffe zwischen Kind und einem Mitarbeiter. Zudem beinhalten die Pläne Dokumentationsvordrucke, damit im Fall eines Übergriffes keine Informationen vergessen gehen können. (vgl. Anhang II, Interventionspläne: S. 8-18)

4.2.2 Weisser Ring – Wir helfen Kriminalitätsopfern

Der Weisse Ring ist eine bundesweit tätige Organisation, mit Hauptsitz in Mainz, die es sich zum Ziel gemacht hat, Opfern von Kriminalität zu helfen. Diese Hilfe richtet sich an jeden Menschen, der Opfer einer Straftat wurde. Dabei ist irrelevant, ob eine Strafanzeige gestellt oder der Täter verurteilt wurde. Der Weisse Ring bezieht sich im Gegensatz zu Wildwasser nicht lediglich auf sexuelle Gewalt, dennoch ist dies ein Teilbereich. (vgl. Weisse Ring, 2016: S. 4-7)

Ehrenamtliche Mitarbeiter der Einrichtung unterstützen das Opfer auf seinem individuellen Weg und respektieren die Entscheidungen des Einzelnen. Diese Organisation soll die erste Anlaufstelle für hilfesuchende Menschen, die Opfer von Straftaten wurden und nicht wissen an wen sie sich mit ihren Fragen wenden sollen, darstellen. (vgl. Weisse Ring, 2016: S. 4-7) Der Weisse Ring hilft durch persönliche Beratung und Beistand, bietet finanzielle Unterstützung bei Notlagen durch eine Straftat, begleitet Prozesse, hilft bei der Vermittlung zu anderen Organisationen, stellt Hilfeschecks für eine anwaltliche beziehungsweise psychotraumatologische Erstberatung und einer rechtsmedizinischen Untersuchung zur Verfügung, bietet Unterstützung bzgl. des Umgangs mit anderen Behörden, schafft Erholungsmaßnahmen für das Opfer und die Angehörigen und übernimmt anfallende Anwaltskosten. Zudem hat der Weisse Ring ein kostenfreies Opfertelefon, dort können Betroffene zu jeder Zeit anrufen (116 006). (vgl. ebd.: S. 16)

In Bezug auf sexuelle Gewalt bei Kindern hat der Weisse Ring diverse Projekte entwickelt. Eines davon ist das Projekt „Pfoten weg!". Hier wird Kindern durch ein Puppenspiel, Gesang und Reime der Unterschied zwischen angenehmen und unangenehmen Berührungen verdeutlicht. Die sexualisierte Gewalt soll in den Vordergrund rücken, damit die Kinder verstehen, dass sie nein sagen dürfen und müssen. Durch dieses Projekt wurden bereits 55.000 Kinder erreicht. (vgl. Weisse Ring, 2018a: o,S)

Abgesehen von diversen Programmen und Projekten verfügt der Weisse Ring über eine Akademie, in der, ähnlich wie bei Wildwasser, Fortbildungen angeboten werden. Der Weisse Ring bietet Fort- und Weiterbildungen für jeden, der berufsbedingt mit Kriminalitätsopfern in Kontakt tritt, an. Als Fachkraft in der Heimerziehung können dort ebenfalls Fortbildungen besucht werden. Diese Seminare sind auf die einzelnen Berufsgruppen zugeschnitten. Zudem entwickelt die Organisation spezielle, dem Bedarf angepasste Seminarkonzepte. Hier soll auf die optimale Arbeit bzgl. des Umgangs mit Kriminalitätsopfern vorbereitet werden. Aktuelle Seminarangebote sind: „Kollegiale Fallberatung?", „Was ist Stalking?" und „Psychosoziale Prozessbegleitung". (vgl. Weisser Ring, 2018b: o.S.)

4.3 Chancen und Herausforderungen der Intervention in der Heimerziehung

Die Intervention bei sexueller Gewalt in der Heimerziehung ist notwendig und umfangreich. Bei der Arbeit mit Opfern und der Anwendung der Interventionsmaßnahmen müssen die Fachkräfte darauf achten, dass sie eine professionelle Distanz zum Opfer und der Tat bewahren. Ansonsten besteht die Gefahr, dass sie in eine Ohnmacht fallen oder gar selbst ängstlich und unsicher werden. Diese Haltung stellt keine Hilfe für die Betroffenen dar. Eine weitere Herausforderung besteht darin, sich und dem Betroffenen Zeit einzuräumen, um sich zu ordnen. Die Zusammenarbeit mit anderen Fachkräften ist somit Maßgeblich. (vgl. Enders, 2015: S. 159-161) Eine weitere Herausforderung bildet die Dokumentation. Sie dient jedoch zudem der Unterstützung. Alle Fakten, Taten, Aussagen und Informationen müssen dokumentiert und festgehalten werden. (vgl. Bange, 2015: S. 204)

Die Fachkraft muss viele Eigenschaften vorweisen, damit sich das Kind oder der Jugendliche öffnet und dem Betreuer Vertrauen schenkt. Die Fachkraft sollte über Sexualität und Missbrauch offen sprechen können, oft und gerne lachen, aufgeschlossen sein, das Opfer nicht verurteilen, nicht eingeschüchtert oder verunsichert wirken, wissen wo es passende Anlaufstellen gibt, die Täterstrategien kennen, sachlich bleiben und das Misstrauen des Opfers akzeptieren. Wird die Fachkraft diesen Anforderungen gerecht, entwickelt der

Betroffene gegebenenfalls das nötige Vertrauen zu der Bezugsperson und spricht über die Tat. (vgl. Enders, 2015: S. 159)

Wie bereits erwähnt, ist es nach Frau Mergenthal (Kriminalhauptkommissarin K12 Gießen) notwendig, dass keine Suggestivfragen gestellt werden, da dies die Ermittlungen erschwert und die Aussage des Kindes vor Gericht gegebenenfalls nicht berücksichtigt werden kann. Somit müssen die Fachkräfte auf ihre Ausdrucksweise achten und lediglich offene Fragen stellen. (vgl. Anhang I, Vortrag Wildwasser und K12, 2018: S. 5,6)

Die Traumarbeit und das Herausfiltern der optimalen Therapiemöglichkeiten bildet eine weitere Herausforderung in der Interventionsarbeit. Es gibt in der individuellen Psychotherapie unterschiedliche Ansätze bzgl. der Verhaltenstherapie zu kognitiven, interpersonalen und elektrischen Ansätzen. Für Kinder sollten Spieltherapien angeboten werden, damit sie ihre Gefühle angemessen ausdrücken können. (vgl. Tyndall, 1997 zitiert nach Damrow, 2006: S. 203, 204)

Die Auswahl der Therapieangebote sollte in Zusammenarbeit mit Ärzten und Therapeuten erstellt werden. Fachkräfte müssen die eigenen Grenzen in der Traumaarbeit anerkennen und in multiprofessionellen Teams mit Ärzten und Therapeuten zusammenarbeiten. Sie können Kinder und Jugendliche zu einer Therapie ermutigen. Des Weiteren können sie eine sichere Struktur für die Betroffenen schaffen und mit den anderen Bewohnern der Einrichtung reden, damit die Situation in der Einrichtung nicht angespannt oder unangenehm für den Betroffenen wird. Die Individualität der Opfer und der anderen Nutzer der Kinder- und Jugendhilfe bildet eine weitere Herausforderung. Wird diese Überwunden, ist es eine Unterstützung und Entlastung für den Betroffenen und die anderen Kinder und Jugendlichen. (vgl. Stermoljan, Fegert, 2015: S. 255-257)

Die Entscheidung über das Stellen einer Strafanzeige ist umfangreich und sollte ausreichend durchdacht werden. Hier sollten die Fachkräfte, wie in den anderen Bereichen, Unterstützung von externen Fachkräften in Anspruch nehmen. Die Vor- und Nachteile einer Strafanzeige müssen gegeneinander abgewogen und der Wunsch der Kinder und Jugendlichen sollte mitberücksichtigt werden. Eine Strafanzeige stellt in jedem Fall eine psychische Belastung für die Betroffenen dar. (vgl. Baldus, Utz, 2011: S. 256)

Bei optimaler Anwendung der Interventionsmaßnahmen hat der Betroffene die Chance, mit dem Erlebten umzugehen. Das Ziel ist es, die Folgeschäden des Missbrauches, die Sprachlosigkeit und die Ohnmacht zu überwinden. Die Betroffenen integrieren diese Erfahrung in ihren Lebenslauf und können ihr weiteres Leben genießen. (vgl. Damrow, 2006: S. 206)

5 Fazit und Ausblick

Sexuelle Gewalt und Missbrauch ist ein stetiges Thema in der Gesellschaft. Eine Einheitliche Definition ist dennoch problematisch zu finden, wenn nicht gänzlich unmöglich. Im Wesentlichen wird jeder Übergriff, der zur sexuellen Befriedigung eines Erwachsenen dient, als sexuelle Gewalt und Missbrauch an Kindern und Jugendlichen definiert. (vgl. Schenk-Danziger, 2006: S. 244)

Die Institutionen der stationären Erziehungshilfe müssen in ihren Konzepten Präventionsmaßnahmen gegen sexuelle Gewalt und Missbrauch verankern, damit die Fachkräfte diese umsetzen und Übergriffe verhindert werden können. Der Jugendhof Pohl-Göns e.V. richtet das Angebot an Jungen zwischen zwölf und achtzehn Jahren und vertritt ein humanistisches Menschenbild. (vgl. Konzeption Jugendhof, 2016: S. 3-5)

Die intensivpädagogische Wohngruppe legt ihren Schwerpunkt auf Kinder und Jugendliche, die auf Grund von psychischen Problemen eine intensive Betreuung bedürfen. Hier wird neben der pädagogischen Betreuung, medizinische und psychiatrische Unterstützung geboten. (vgl. Konzeption Klinische Jugendhilfe, 2015: s. 4-7) Die Kinder- und Jugendhäuser Lollar stellen ihr Angebot für Mädchen und Jungen zwischen sieben und achtzehn Jahren zur Verfügung. Sie haben ein gesondertes sexualpädagogisches Konzept und ein Präventionskonzept. (vgl. Konzeption KJH, o.J.: S. 1,2; Präventionskonzept KJH, 2012; Sexualpädagogisches Konzept, o.J.) Diese Einrichtungen wurden im zweiten Kapitel mit den Ebenen der Einrichtung, der Beschäftigten und der Nutzer der Präventionskriterien des hessischen Sozialministeriums verglichen.

Die drei Ebenen, die in Kapitel zwei mit den Konzepten verglichen wurden, verfügen – ohne Dopplung – über insgesamt zwanzig Kriterien. Davon hat der Jugendhof Pohl-Göns Zehn vollständig erfüllt. Die intensivpädagogische Wohngruppe hat acht Punkte gänzlich in der Konzeption verankert und vier nur teilweise. Die Kinder- und Jugendhäuser Lollar haben neun Kriterien in vollem Umfang in die Konzeptionen aufgenommen und vier teilweise. Somit müssten alle drei Konzeptionen überarbeitet werden. Es ist nicht möglich zu sagen, ob die Einrichtungen die Kriterien intern umsetzten, dies kann nicht ausgeschlossen werden.

Dennoch sind nicht alle Kriterien in den Konzeptionen verankert und bilden somit keinen Rahmen für die Mitarbeiter und Nutzer.

Durch die Anwendung von Präventionsmaßnahmen gegen sexuellen Missbrauch und Gewalt wird das Ziel verfolgt, vorbeugend zu wirken und den sexuellen Missbrauch zu verhindern. (vgl. Heuser, Leuzinger, 2011: S. 33) Der Einsatz von Interventionsmaßnahmen bei sexueller Gewalt und Missbrauch hingegen soll bewirken, dass die Folgen eines Übergriffes bei den Betroffenen gemindert werden und der Missbrauch schnellstmöglich erkannt wird. (vgl. Kindler, Schmidt-Ndasi, 2011: S. 69)

Prävention und Intervention sind eng miteinander verbunden. Im Bereich der Sekundärprävention sind Ansätze der Intervention verankert. Interventionsmaßnahmen für einen Menschen können Präventionsmaßnahmen für ein anderes Individuum beinhalten. (vgl. Damrow, 2006: S. 199)

In dieser Arbeit wurden die Bereiche Resilienzförderung, offener Umgang mit dem Thema Sexualität und Gewalt und die Täterstrategien als Präventionsmaßnahmen behandelt.

Als Resilienz wird die Anpassungsfähigkeit eines Kindes in der Entwicklung beschrieben. Resilienzen werden einerseits durch persönliche Eigenschaften des Kindes und andererseits durch das Umfeld gebildet. Hier spielen Faktoren, wie unterstützende Personen, sichere Lebensbedingungen und positive Erfahrungen mit dem Umgang von Krisen eine Rolle. (vgl. Bender, Loesel, 2015, o.S. zitiert nach Herrmann et al, 2016: S. 231)

Kinder und Jugendliche in stationären Hilfeeinrichtungen kommen oftmals aus einer unsicheren Lebenssituation. Ihre Vergangenheit wurde häufig von Konflikten und Verlusten geprägt. Dies macht die Resilienzförderung zu einer Herausforderung für Fachkräfte. Die Fachkräfte sollten die Ressourcen des Individuums fördern und ihnen genügend Zuwendung und Freiraum geben. Das Übertragen von Verantwortung, der sensible Umgang mit Bedürfnissen und das Zeigen eines aufrichtigen Interesses der Fachkraft an den Kindern und Jugendlichen und deren Aktivitäten spielen hier eine große Rolle. (vgl. Gragert, Seckinger, 2007: S. 133,134)

Der offene Umgang mit dem Thema Sexualität und Gewalt ist notwendig, damit angemessen Sexualaufklärung in der Einrichtung betrieben werden kann und die Kinder und Jugendlichen bei Übergriffen oder unangenehmen Situationen keine Scheu haben, sich an die Vertrauenspersonen wenden. Die Kinder und Jugendlichen sollten ein Vertrauensverhältnis zu den Fachkräften haben, damit sie offen über ihre Gefühle sowie über Liebe und Sexualität reden können. (vgl. Tuider et al, 2012: S. 26,27)

Eine Herausforderung dieses Ansatzes in der stationären Erziehungshilfe besteht darin, dass Kinder und Jugendliche in der Peergroup oftmals eine eigene Sprache im Bereich Sexualität entwickeln. Diese Sprache ist nicht selten brutal und vulgär. Kinder und Jugendliche in der stationären Erziehungshilfe verbringen mehr Zeit mit der Peergroup als andere Gleichaltrige, da sie zusammenleben. (vgl. Günder, 2011: S. 322, 323)

Zudem haben die meisten ein ähnliches Herkunftsmilieu. Die Fachkräfte sollten die Sprache akzeptieren und durch das Verwenden anderer Worte positiv auf die Ausdrucksweise einwirken. Es sollten keine Fachausdrücke verwendet werden, da diese die Kinder und Jugendlichen abschrecken können. (vgl. Günder, 2011: S. 322, 323)

Die Aufklärung der Kinder und Jugendlichen über Täterstrategien durch die Fachkräfte ist wichtig. Nur so können die potentiellen Opfer diese Strategien frühzeitig erkennen. Zunächst versuchen die meisten Täter ein Vertrauensverhältnis zu den Opfern aufzubauen. Dafür steigern sie zum Beispiel die Zuwendung und planen Ausflüge. (vgl. Bartels, 2011: S. 196, 197)

Der Missbrauch wird in scheinbar unschuldige Spiele eingebettet, die das Opfer irritieren. Der Übergang zwischen angemessenen und unangemessenen Berührungen und Handlungen verschwimmt. Daraufhin wird die sexuelle Handlung verstärkt. Der Täter versucht zudem das Opfer von anderen Bezugspersonen abzuschotten und erzählt Lügen. (vgl. Bartels, 2011: S. 196, 197)

In anderen Fällen wird der Täter aggressiv und wirkt mit Drohungen und Gewalt auf das Opfer ein. Dieses Verhalten steht häufig in Zusammenhang mit schweren sexuellen Übergriffen. (vgl. Leclerc, Tremblay, 2007 zitiert nach Kuhle et al, 2015: S. 119, 120)

Die Hauptchance der Präventionsmaßnahmen ist das Stärken des Kindes oder des Jugendlichen. Durch die Prävention kann die Anzahl der Übergriffe vermindert werden. Das Kind oder der Jugendliche wird durch Prävention emotional gestärkt und als Mensch gefestigt. Das Wohl des Kindes oder des Jugendlichen hat die oberste Priorität. (vgl. Bender, Loesel, 2015, o.S. zitiert nach Herrmann et al, 2016: S. 230,231)

Im vierten Kapitel werden folgende Interventionsmaßnahmen thematisiert: Angemessene Haltung und optimales Verhalten bei Verdacht auf sexuelle Gewalt und Missbrauch, Aufarbeitung, Therapiemöglichkeiten und Traumaarbeit von Opfern und das Stellen einer Strafanzeige. Überlegungen, vor einer Strafanzeige werden mit einbezogen.

Die Fachkräfte sollten sich als Vertrauenswürdig erweisen, damit die Opfer den Mut aufbringen, mit ihnen über den Vorfall zu sprechen. Diese allgemeine Haltung kann teilweise eine Herausforderung darstellen, da sich die Opfer vorher exakt überlegen, ob sie die Tat schildern oder nicht. Sollte ein Verdacht geäußert werden, sollte sich die Fachkraft in jedem Fall an die Leitung und an Kollegen wenden. Zudem sollte professionelle Distanz gewahrt werden. (vgl. Enders, 2015: S. 159, 161)

Den Opfern sowie der Fachkraft sollte Zeit gelassen werden, damit jeder Schritt überdacht werden kann. (vgl. Enders, 2015: S. 159, 161) Die Dokumentation aller Ereignisse bildet gleichzeitig eine Herausforderung und eine Unterstützung. (vgl. Bange, 2015: S. 204)

Im Bereich der Traumaarbeit, Therapie und Aufarbeitung bildet das Finden der passenden Therapie eine Herausforderung, da die Therapiemöglichkeiten vielseitig sind und an das Individuum angepasst werden müssen. Hier gilt, dass in Kooperation mit Ärzten und Therapeuten gearbeitet werden muss. (vgl. Tyndall, 1997 zitiert nach Damrow, 2006: S. 203, 204)

Notwendig ist es, dass die Fachkräfte ihre Grenzen in der Traumaarbeit anerkennen. Sie können die Betroffenen zu einer Therapie ermutigen und ihnen ein stabiles und sicheres Umfeld bieten, die Therapie sollten sie jedoch den Therapeuten überlassen. Bedeutsam ist zudem die Kommunikation zwischen den Fachkräften und den Jugendlichen, damit keine unangenehmen Situationen entstehen. (vgl. Stermoljan, Fergert, 2015: S. 255-257)

Der nächste Ansatz ist die Überlegung über das Stellen einer Strafanzeige. Dieser Schritt sollte ausreichend durchdacht werden. Hier sollte ebenfalls externes Fachpersonal, wie Rechtsanwälte zu Rate gezogen werden. Die Vor- und Nachteile einer Strafanzeige sollten gegenübergestellt werden, da eine Strafanzeige oftmals mit psychischen Belastungen der Betroffenen einhergeht. (vgl. Baldus, Utz, 2011: S. 256) Zudem müssen die Fachkräfte von Anfang an darauf achten, dass keine Suggestivfragen gestellt werden, da daraufhin die Aussage des Betroffenen gegebenenfalls vor Gericht nicht gewertet werden kann. (vgl. Anhang I, Vortrag Wildwasser und K12, 2018: S. 5,6)

Die Chance bei der Anwendung der Interventionsmaßnahmen besteht darin, dass die Betroffenen ein normales Leben führen können und die Folgeschäden des Missbrauchs überwunden werden können. (vgl. Damrow, 2006: S. 206)

Insgesamt ist festzustellen, dass die Präventionskriterien in den ausgewählten Institutionen nicht ausreichend berücksichtigt wurden, jedoch wird häufig Präventionsarbeit betrieben, ohne dass es bewusst darauf abzielt. Wird bewusst, offen und wahrnehmend präventiv und interventiv gehandelt, kann eine Fachkraft sexueller Gewalt und Missbrauch in gewissen Fällen verhindern und die Opfer für ihre Zukunft stärken und zu einem glücklichen Leben nach der Tat verhelfen. Nach den Ergebnissen dieser Arbeit gibt es ausreichend Information und Unterstützung im Bereich Prävention und Intervention bei sexueller Gewalt.

Die Institutionen der Erziehungshilfe sollten sich intensiver mit dem Thema befassen, denn Prävention muss in allen Ebenen ansetzten, nicht nur bei den potentiellen Opfern. (vgl. ebd.: S. 59,60)

6 Literaturverzeichnis

Primärliteratur

Baldus, M., Utz, R. (2011); *Sexueller Missbrauch in pädagogischen Kontexten Faktoren. Interventionen. Perspektiven*; VS Verlag für Sozialwissenschaften, Springer Fachmedien Wiesbaden

Bange, D. (2014); Kapitel 2: *Das alltägliche Delikt Sexuelle Gewalt an Mädchen und Jungen Zum aktuellen Forschungsstand*; Hrsg.: Enders, U.; In: Zart war ich, bitter war's; 5. Auflage; Verlag Kiepenhauer und Witsch, Köln

Bange, D. (2015); Kapitel 21: *Planung der Intervention nach Aufdeckung eines sexuellen Kindesmissbrauchsfalls*; In: *Sexueller Missbrauch von Kindern und Jugendlichen*; Hrsg.: Fergert, J. M., Hoffmann, U., König, E., Niehues, J., Liebhardt, H.; Springer Verlag, Berlin und Heidelberg

Bartels, V. (2011); *„Achtung der Grapscher kommt" in Sexueller Missbrauch in Pädagogischen Kontexten Faktoren Interventionen und Perspektiven*, Hrsg.: Baldus, M., Utz, R., Verlag für Sozialwissenschaften/Springer Fachmedien Wiesbaden GmbH

Barth, J., Bengel, J. (1998); *Prävention durch Angst?: Stand der Furchtappellforschung*; Bundeszentrale für Gesundheitliche Aufklärung, Köln

Bergmann, C. (2012); *Kapitel: Kinder brauchen Aufklärung und Schutzkonzepte; In Sexualisierte Gewalt, Macht und Pädagogik*; Hrsg.: Thole, W., Baader, M., Helsper, W., Kappeler, M., Leuzinger-Bohleber, M., Reh, S., Sielert, W., Thompson, C.; Barbara Budrich Verlag, Opladen, Berlin und Toronto

BGB - Bürgerliches Gesetzbuch (2018); 81. Auflage, Beck - Texte im dtv

Böhm, B. (2017); *Macht, Kindheiten und sexueller Missbrauch in Ghana*; Springer Fachmedien, Wiesbaden

Burgsmüller, C. (2015); Kapitel 23: *Die Strafanzeige bei der Polizei und das Verfahren vor dem Strafgericht bei sexuellem Kindesmissbrauch*; In: Sexueller Missbrauch von Kindern und Jugendlichen; Hrsg.: Fergert, J. M., Hoffmann, U., König, E., Niehues, J., Liebhardt, H.; Springer Verlag, Berlin und Heidelberg

Damrow M., K. (2006); *Sexueller Kindesmissbrauch Eine Studie zur Präventionskonzepten, Resilienz und erfolgreicher Intervention*; Juventa Verlag, Weinheim und München

Enders, U. (2014); *Zart war ich, bitter war's*; 5. Auflage; Verlag Kiepenhauer und Witsch, Köln

Enders, U. (2015); Kapitel 15: *Umgang mit Vermutung und Verdacht bei sexuellem Kindesmissbrauch;* In: Sexueller Missbrauch von Kindern und Jugendlichen; Hrsg.: Fergert, J. M., Hoffmann, U., König, E., Niehues, J., Liebhardt, H.; Springer Verlag, Berlin und Heidelberg

Goldbeck, L. (2015); Kapitel 14: *Auffälligkeiten und Hinweiszeichen bei sexuellem Kindesmissbrauch;* In: Sexueller Missbrauch von Kindern und Jugendlichen; Hrsg.: Fergert, J. M., Hoffmann, U., König, E., Niehues, J., Liebhardt, H.; Springer Verlag, Berlin und Heidelberg

Goldbeck, L., Allroggen, M., Münzer, A., Rassenhofer, M., Fegert, J. M. (2017); *Sexueller Missbrauch- Leitfaden Kinder- und Jugend Psychotherapie*; Hogrefe Verlag, Göttingen

Gragert, N., Seckinger, M. (2007); Die Bedeutung der Resilienzforschung für die stationären Hilfen zur Erziehung; Hrsg.: Sozialpädagogisches Institut des SOS- Kinderdorf e.V.; In: *Wohin steuert die stationäre Erziehungshilfe?*: Onlineausgabe

Gründer, M., Kleiner, R., Nagel, H. (2008); *Wie man mit Kindern darüber reden kann Ein Leitfaden zur Aufdeckung sexueller Misshandlung*; 4. Auflage; Juventa Verlag, Weinheim und München

Günder, R. (2011); *Praxis und Methoden der Heimerziehung Entwicklung, Veränderungen und Perspektiven der stationären Erziehungshilfe*; 4. Auflage; Lambertus-Verlag, Freiburg im Breisgau

Harnach, V. (2011); Sexueller Missbrauch aus der Perspektive der Opfer; In: *Sexueller Missbrauch in pädagogischen Kontexten Faktoren. Interventionen. Perspektiven*; Hrsg.; Baldus, M., Utz, R; VS Verlag für Sozialwissenschaften, Springer Fachmedien Wiesbaden

Hartwig L., Hensen G. (2008); *Sexueller Missbrauch und Jugendhilfe: Möglichkeiten und Grenzen sozialpädagogischen Handelns im Kinderschutz*; 2. Auflage; Juventa-Verlag Weinheim

Heiliger, A. (2001); Täterstrategien bei sexuellem Mißbrauch und Ansätze der Prävention In: *Beiträge zur feministischen Theorie und Praxis* 56/57, S. 71 – 82

Herrmann B., Dettmeyer R., Banaschak S., Thyen U. (2016); *Kindesmisshandlung Medizinische Diagnostik, Intervention und rechtliche Grundlagen*; 3. Auflage; Springer-Verlag, Berlin Heidelberg

Hobmair, H., Altenthan, S., Dirrigl, W., Gotthardt, W., Höhlein, R., Ott, W., Pöll, R., Schneider, K.-H. (2013); Hrsg.: Hermann Hobmair; *Pädagogik*; Bildungsverl. EINS, Köln

Huser J., Leuzinger, R. (2011); *Grenzen Prävention sexueller Gewalt: Vorbeugung, Erkennung und Behandlung von sexueller Gewalt gegen Kinder und Jugendliche*; Kohl-Verlag, Kerpen

Kadera, S., Köhler-Dauner, F., Hofer, H., Tippelt, R., Ziegenhain, U., Fegert, J. M (2018); Prävention sexueller Gewalt in Institutionen im Rahmen von Fortbildungen Wie sehen Mitarbeiter/-innen in Heimen und Internaten den Bedarf und die Herausforderungen im Umgang mit dem Thema „sexueller Missbrauch"?; *Zeitschrift für Pädagogik*, Ausgabe März/April

Kindler H., Schmidt-Ndasi D. (2011); *Wirksamkeit von Maßnahmen zur Prävention und Intervention im Fall sexueller Gewalt gegen Kinder*; Hrsg.: AMYNA e.V. – Institut zur Prävention von sexuellem Missbrauch; Deutsches Jugendinstitut e.V., Abteilung Familie und Familienpolitik, München

Koch, H. H., Kruck, M. (2000); *"Ich werd's trotzdem weitersagen!": Prävention gegen sexuellen Mißbrauch in der Schule (Klassen 1 - 10) ; Theorie, Praxisberichte, Literaturanalyse, Materialien*; Lit, Münster

Kuhle, L. F., Grundmann, D., Beier, K. M. (2015); Sexueller Missbrauch von Kindern: Ursachen und Verursacher; In: *Sexueller Missbrauch von Kindern und Jugendlichen*; Hrsg.: Fergert, J. M., Hoffmann, U., König, E., Niehues, J., Liebhardt, H.; Springer Verlag, Berlin und Heidelberg

Mannschatz, E. und ein Autorenkollektiv (1998); *Heimerziehung*; Volk und Wissen, Berlin

Nikles B. W. (2011); Standards für die Präventionsarbeit. In: *Blickpunkt Jugendhilfe*; Jg. 16 Nr. 1, S. 3 - 8

Rätz-Heinisch, R., Schröer, W., Wolff, M. (2009); *Lehrbuch Kinder- und Jugendhilfe Grundlagen, Handlungsfelder, Strukturen und Perspektiven*; Juventa Verlag, Weinheim und München

Schenk-Danziger, L. (2006); *Entwicklungspsychologie*; ÖBV & HPT Verlag

SGB VIII – Achtes Buch Sozialgesetzbuch (2018); 47. Auflage, Beck – Texte im dtv

Sichau, E. (2011); *Umgang mit sexueller Gewalt in der Jugendhilfe – Interventionen und Leitlinien*; In: *Sexueller Missbrauch in pädagogischen Kontexten Faktoren. Interventionen. Perspektiven*; Hrsg.: Baldus, M., Utze, R.; VS Verlag für Sozialwissenschaften, Springer Fachmedien Wiesbaden

Stermoljan, C., Fegert, J.M. (2015); Kapitel 25: *Unterstützung für von sexuellem Missbrauch betroffene Kinder und Jugendliche*; In: *Sexueller Missbrauch von Kindern und Jugendlichen*; Hrsg.: Fergert, J. M., Hoffmann, U., König, E., Niehues, J., Liebhardt, H.; Springer Verlag, Berlin und Heidelberg

StGB - Strafgesetzbuch (2018); 56. Auflage, Beck – Texte im dtv

StPO – Strafprozessordnung (2018); 54. Auflage, Beck – Texte im dtv

Tuider, E., Müller, M., Timmermanns, S., Bruns-Bachmann, P., Koppermann, C. (2012); *Sexualpädagogik der Vielfalt : Praxismethoden zu Identitäten, Beziehungen, Körper und Prävention für Schule und Jugendarbeit*; 2. Auflage; Beltz Juventa, Weinheim

Wieland, N. (2018); *Resilienzforschung: Gegenstände, Fragestellungen und Strategien*; In: Kompendium Kinder- und Jugendhilfe; Hrsg.: Böllert, K.; Springer Fachmedien, Wiesbaden

Wildwasser e.V. (2015); *Schwerpunktthema: Stimmt das? Soll ich? Und dann...? Entscheidung braucht Mut*; Tätigkeitsbericht 2015, Gießen

Wildwasser e.V., (2017); *Schwerpunktthema: Von Kartoffeln, Amazonen, Oasen und Mehr... Betroffene von sexualisierter Gewalt berichten über ihren Heilungsprozess*; Tätigkeitsbericht 2017, Gießen

Internetquellen

Hessisches Ministerium der Justiz, für Integration und Europa, Hessisches Ministerium des Innern und für Sport, Hessisches Sozialministerium, Hessisches Kultusministerium, Landespräventionsrat Arbeitsgruppe „Vernachlässigung von Kindern" (2012); *Aktionsplan des Landes Hessen zum Schutz von Kindern und Jugendlichen vor sexueller Gewalt in Institutionen;* Internet Zugriff: https://soziales.hessen.de/sites/default/files/HSM/aktionsplan_des_landes_hessen_zum_schutz_von_kindern_und_jugendlichen_vor_sexueller_gewalt_in_institutionen_wiesbaden_2012_0.pdf Letzter Zugriff: 12.08.2018

Hessisches Sozialministerium (2013); *Präventionskonzepte in Einrichtungen der Kinder- und Jugendhilfe Kriterien zur Entwicklung und Implementierung*; Print Pool GmbH Taunusstein: Internet Zugriff: https://soziales.hessen.de/sites/default/files/HSM/hessisches_sozialministerium_kriterien_zur_entwicklung_und_implementierung_von_praeventionskonzepten_in_einrichtungen_der_kinder-_und_jugendhilfe_wiesbaden_2013.pdf Letzter Zugriff: 12.08.2018

Konzeption Jugendhof Pohl-Göns e.V. (2016): http://jugendhof.de/files/luxe/downloads/Konzeption%20Jugendhof%20Juni%202016.pdf

Konzeption Kinder- und Jugendhäusern Lollar GmbH (KJH) o. J.: https://kjh-lollar.de/wp-content/uploads/2017/11/konzeption.pdf

Konzeption Klinische Jugendhilfe (2015): http://www.dr-murafi.de/klinische-jugendhilfe/Konzeption-Hessen.pdf Letzter Zugriff: 12.08.2018

PKS Bundeskriminalamt (2017)
Tabelle 91: https://www.bka.de/DE/AktuelleInformationen/StatistikenLagebilder/PolizeilicheKriminalstatistik/PKS2017/Standardtabellen/standardtabellenOpfer.html?nn=96600 Letzter Zugriff: 12.08.2018
Tabelle 92: https://www.bka.de/DE/AktuelleInformationen/StatistikenLagebilder/PolizeilicheKriminalstatistik/PKS2017/Standardtabellen/standardtabellenOpfer.html?nn=96600 Letzter Zugriff: 12.08.2018

PKS Bundeskriminalamt Hessen (2017)
Tabelle 91: https://www.polizei.hessen.de/File/tabelle91-pks-hessen-2017_1.pdf Letzter Zugriff: 12. 08.2018
Tabelle 92: https://www.polizei.hessen.de/File/tabelle92-pks-hessen-2017_1.pdf Letzter Zugriff: 12.08.2018

Präventionskonzept Kinder- und Jugendhäuser Lollar GmbH (KJH) (2012): https://kjh-lollar.de/wp-content/uploads/2017/11/Praventionskonzept_KJH.pdf Letzter Zugriff: 12.08.2018

Regelkatalog Kinder- und Jugendhäuser Lollar GmbH (KJH), o. J.: https://kjh-lollar.de/wp-content/uploads/2017/11/Rechtekatalog.pdf Letzter Zugriff: 12.08.2018

Sexualpädagogisches Konzept Kinder- und Jugendhäuser Lollar GmbH (KJH), o.J.: https://kjh-lollar.de/wp-content/uploads/2017/11/sexd_Konzept.pdf Letzter Zugriff: 12.08.2018

Weisse Ring (2016); Standards für die Opferhilfe; Internet Zugriff: https://weisser-ring.de/sites/default/files/domains/weisser_ring_dev/downloads/broschuerestandardsfuerdieopferhilfe.pdf Letzter Zugriff: 12.08.2018

Weisse Ring (2018a); Projekt: Pfoten weg!: Internet Zugriff: https://weisser-ring.de/praevention/projekte/pfoten-weg Letzter Zugriff: 12.08.2018

Weisse Ring (2018b); Weisser Ring Akademie; Internet Zugriff: https://weisser-ring.de/weisser-ring/weisser-ring-akademie Letzter Zugriff: 12.08.2018

Wildwasser e.V. Wiesbaden (2010-2014); *Aktuelle Fortbildungen*; Internet Zugriff: http://www.wildwasser-wiesbaden.de/44-0-aktuelle-fortbildungen.html Letzter Zugriff: 12.08.2018

Sekundärliteratur

Anatonovsky, A. (1997); *Salutogenese. Zur Entmystifizierung der Gesundheit.*; dgvt-Verlag, Tübingen

Bender, D., Loesel, F. (2015); Risikofaktoren, Schutzfaktoren und Resilienz bei Misshandlung und Vernachlässigung. In: Egle UT, Joraschky P, Lampe A, Seiffge-Krenke I, Cierpka M (Hrsg) Sexueller Missbrauch, Misshandlung, Vernachlässigung. Erkennung, Therapie und Prävention der Folgen früher Stresserfahrungen. 4. Auflage, Schattauer, Stuttgart; S 77–103

Bullens, R. (1995); Der grooming Prozess – oder das Planen des Missbrauchs. New Theory and Research. New York: The Free Press

Leclerc, A., Proulx, J., Lussier, P., Allaire, J-F. (2009); Offender-victim interaction and crime event outcomes: Modus Operandi and victim effects on the risk of in-trusive sexual offenses against children; Criminology 47: 559–618

Leclerc, B., Tremblay, P. (2007); Strategic behavior in adolescent sexual offenses against children: Linking modus operandi to sexual behaviors, Sex Abuse 19: 23–41

Masten, A. S., Reed, M-G. J. (2002); Resilience in Development; In: The Handbook of Positive Psychology; Hrsg.: Snyder, C. R., Lopez, S. J.; University Press, Oxford

Tyndall, C.I. (1997); Current treatment strategies for sexuelly abused children, Hrsg.: Geffner, R., Sorenson, S.B., Lundberg-Love, P.K.; Violence an sexual abuse at home: Current issus in spousal battering and child maltreatment (S. 277-291); Haworth Maltreatment und Trauma Pass, Bringhampton (NY)